死刑制度論のいま

基礎理論と情勢の8つの洞察

大谷　實　同志社大学名誉教授
井田　良　中央大学大学院教授
松原芳博　早稲田大学教授
福島　至　龍谷大学名誉教授・弁護士
渡邊一弘　専修大学教授
本庄　武　一橋大学教授
葛野尋之　青山学院大学教授
椎橋隆幸　中央大学名誉教授・弁護士

判例時報社

死刑制度論のいま――基礎理論と情勢の８つの洞察

目次

第1章　巻頭言

大谷　實

1　はじめに

日本弁護士連合会は、２０２０年4月までに死刑制度の廃止を実現すると宣言し、法務省に対して死刑廃止に関連する当面の課題を検討するための有識者会議の設置を要請した。また、２０２１年12月には、①死刑制度を廃止する立法を講じること、②死刑制度が廃止されるまでの間、全ての死刑執行を停止すること、これらの二つを趣旨とする要請書を法務大臣に提出している。

一方、犯罪被害者等基本法など、犯罪被害者法制の整備に貢献した「全国犯罪被害者の会」(「あすの会」(２０１８年6月に解散))は、日本弁連士連合会の死刑廃止宣言に激しく抗議し、犯罪被害者の立場から死刑存続を主張してきた。また、周知のように、一昨年7月には、オウム真理教教団代表ら元死刑囚など13人が1か月の間に一挙に死刑執行されている。近年に例を見ない短期間での多数の死刑執行である。なお、２０１８年5月には、自由民主党の河村建夫元官房長官が代表となって、「日本の死刑制度の今後の在り方を考える議員連盟」が設立された。

こうした死刑制度の存廃問題に直接・間接に関連する事態に着目し、改めて死刑存廃問題を論究することに意義があるとして、本判例時報誌が「死刑制度論のいま―基礎理論情勢のと多角的再考」と題する連載論文を掲載したことは、今後の死刑制度の在り方を考えるうえで貴重であると考える。また、従来の死刑存廃論争とは異なる観点から、死刑制度を考える新しい見解が注目されているところから（井田良著『死刑制度と刑罰理論』（岩波書店、2022年））、これまで展開されてきた死刑存廃論に反省を加え、今後の死刑問題についての議論の在り方を中心に、巻頭言を述べることとしたい。

2　現在の死刑制度

我が国は、1907（明治40）年に現行刑法を制定し、現在は刑法犯として、内乱罪（77条）、現住建造物放火罪（108条）、汽車転覆等致死罪（126条3項）、殺人罪（199条）、強盗致死罪・強盗殺人罪（240条後段）、強盗・強制性交等致死罪（241条3項）など12種、特別刑法犯として、爆発物使用罪（爆発物取締罰則1条）など6種、両者併せて18種の犯罪について死刑を置いている。また、「死刑は、刑事施設内において、絞首して執行する」（11条1項）、「死刑の言渡しを受けた者は、その執行に至るまで刑事施設（監獄）に拘置する」（同条2項）と定めて以来、第2次世界大戦後、1946年に日本国憲法が制定されて国の在り方が根本的に改められたのに、死刑制度は従前のままだったのである。

しかし、死刑制度に反対し、廃止すべきであるという主張は、人道主義に基づく死刑廃止論を中心に、現行刑法の制定以来連綿と展開されており、特に日本国憲法が制定されてからは、種々の観点から死刑の合憲性が争われた。全体主義、国家主義ないし天皇中心主義的な明治憲法から、「すべて国民は個人として尊重される」とする個人主義へと180度転換した日本国憲法の制定に際して、本来ならば生命を剥奪する死刑は、（西）ドイツのように憲法上許されないとすべきであったと思われる。だが、「何人も法律の定める手続によらなければ、その生命若しくは自由を奪われ、又はその他の刑罰を科せられない」（憲法31条）、「生命、自由及び幸福追求に対する国民の権利については、公共の福祉に反しない限り、立法その他の国政の上で最大の尊重を必要とする」（同13条）と規定して、文言上、死刑を容認する趣旨の規定を置いたことから、明治憲法時代の死刑制度をそのまま維持することになった。

もっとも、憲法は、「公務員による拷問及び残虐な刑罰は、絶対にこれを禁止する」（36条）と規定し、「残虐な刑罰」を無条件に禁止している。死刑は、「絞首して執行する」ことになっており、実際には地下絞架式を用いて人の命を奪うのであるが、死刑は残虐な刑罰に当たる可能性は十分にあるといえよう。「一般の人が正視できない刑罰」を残虐な刑罰と解すれば、人の首を絞めて殺す死刑は、十分残虐性を有するといえなくもないからである。

しかし、最高裁判所は、既述のように憲法中に死刑を予想している規定がある（13条・31条）ことを指摘しつつ、死刑そのものは「残虐な刑罰」に当たらないとした。もちろん、死刑の執行方法などが、「その時代と環境とにおいて人道上の見地から一般に残虐性を有するものと認められる場合」には、残虐な刑罰となり、そのような意味で、現行の絞首刑とちがって、かつて行われていた火あぶりやはりつけ、さらし首などの方法を採ることは、本条に違反するとしたのである（最大判昭23・６・23刑集2巻7号777頁）。なお、その判決には、現在の時点では死刑そのものは「残虐な刑罰」に当たらないとしても、将来国民感情の在り方如何によっては、絞首刑でも憲法に違反するとした補足意見が付されている。そして、最高裁判所は、最近においても死刑制度は、「その執行方法を含め」憲法に違反しないという従来の立場を確認している（最判平28・２・23刑集319号1頁）。

最高裁判所は、「憲法は、現代多数の文化国家におけると同様に、刑罰としての死刑の存置を想定し、これを是認したものと解すべきである」と断定し、死刑は、憲法三六条の「残虐な刑罰」に当たるとする主張に対しても、「刑罰としての死刑そのものが直ちに同条にいわゆる残虐な刑罰に当たるとは考えられない」としたのである。この大法廷判決を嚆矢として、絞首という執行方法は残虐な刑罰に当たらないとしたもの（最大判昭30・４・６刑集9

巻4号633頁）、死刑を定めた規定が憲法9条、13条、36条に違反しないとしたもの（最大判昭26・4・18刑集5巻25号923頁）、また、死刑は、憲法25条に違反しないとしたもの（最判昭33・4・10刑集12巻5号839頁）、さらに前記の死刑制度は「その執行方法を含め憲法に違反しない」としたものなど、一連の最高裁判決によって、死刑の合憲性は判例上不動のものとなった。

3　死刑制度廃止の潮流

(1)　死刑と刑法改正

この間にあって、刑法学派の争いを超えて、「人道主義の精神に鼓舞され」（団藤重光『刑法綱要総論〔第3版〕』（創文社、1990年）486頁）、死刑の究極的な廃止を目標とする多くの努力が傾注されてきた。特に、昭和40年代の刑法改正作業において、死刑の完全な廃止を企図する「別案」が法制審議会刑事法特別部会に提出されて議論されたことは、死刑廃止に尽力する論者にとって特筆に値するものであった（松尾浩也「死刑」平場安治＝平野龍一『刑法改正の研究1』（東京大学出版会、1972年）232頁）。

刑事法特別部会においては、結局、国民の大多数が死刑の存置を希望しているという理由で別案は否決されたが、死刑の適用範囲を縮減し、執行を回避するという方向が部会において確認され、1974（昭和49）年の改正刑法草案では、「死刑の適用は、特に慎重でなければならない。」（48条3項）とする原則を宣言したのである。ちなみに、死刑の有害性が考慮され、①死刑に当たる罪の縮小、②死刑の執行延期制度、③無期刑の仮釈放に特例を設ける「重無期刑」の制度化、④死刑の言渡における裁判官全員一致制の採用、④被告人に対する必要的精神鑑定なども、この特別部会で議論されていた。「死刑は望ましくない制度」であり、その適用を可能な限り減らして執行を回避しようとする動きは、おそらく裁判所を含むすべての関係者の一致した意見となってきたように思われる。

⑵　消極的存置論

それにも関わらず、死刑制度を存置する現行刑法の下では、死刑の適用を避けるわけにはいかない。この考え方を消極的存置論と呼ぶことにしたいが（大谷實『新版 刑事政策講義』〔弘文堂、2009〕114頁）、死刑制度を置いている現行法の下では、死刑を適用しないわけにはいかず、止む無く死刑を適用せざるを得ないという考え方が、裁判所を支配してきたと言ってよいであろう。

例えば、最高裁判所が初めて死刑選択の一般的基準を明らかにした1983（昭和58）年7月8日判決（刑集37巻6号609頁）は、「死刑制度を存置する現行法の下では」と敢えて断ったうえで、「犯行の罪質、動機、態様ことに殺害の手段方法の執拗性・残虐性、結果の重大性ことに殺害された被害者の数、遺族の被害感情、社会的影響、犯人の年齢、前科、犯行後の情状各般の情状を併せ考察したとき、その罪責が誠に重大であって、罪刑の均衡の見地からも一般予防の見地からも極刑がやむをえないと認められる場合には、死刑の選択も許されるものといわなければならない」と判示した。死刑判決は、まさに苦渋の選択として適用されるべきだとしたのである。

これまでの死刑の選択は、殺人罪、強盗殺人罪に限られ、その数は、2018年度で死刑の確定者4人である。我々が問題にしている死刑の実態は、いわば、「冷酷非情」な極悪人であり、「極刑」もやむを得ない者に限って科されていることを忘れてはならないのである。死刑の言渡（2000年以降毎年10件台）および執行状況（1989年以降毎年0～3件。ただし2018年はオウム真理教関連の13件）の推移から判断し、死刑の存在意義は極めて乏しくなっているのが現状である。ちなみに、1970年（昭和45年）以降に言い渡され1980年（昭和55年）度から２００９年（平成21年）度までの30年間に確定した死刑求刑事件を対象とした調査によると、殺人及び強盗殺人について、検察官が死刑を求刑した３４６件のうち最終的に死刑が言い渡されたのは、２・６パーセントだったとされる。いかに制限的に死刑が適用されて来たかが分かるであろう（井田良・前掲書34頁参照）。

もっとも、その後、犯罪被害者の人権がクローズアップされ、裁判所が人身犯罪に対して言い渡す刑の軽さが問題となり、１９９０年代以降、重罰化・厳罰化の社会的風潮が到来した。その影響を受けたものとして、死刑の判断基準に影響したとみられる最高裁判例が登場し（最判平18・６・20判タ１２１３号89頁）、死刑選択基準の変化が注目されたのである（井田・前掲書78頁）。しかし、その後の死刑判決を考察してみると、消極的存置論はなお維持されていると推察される。特に、裁判員裁判での一審の死刑判決を控訴審で破棄して無期懲役としたものを最高裁判所が是認した判決例がみられるところである（最決平27・２・３刑集69巻1号1頁）。その判決理由において、「死刑の科刑が是認されるためには、死刑の選択をやむを得ないと認めた裁判体の判断の具体的、説得的な根拠が示される必要があり、控訴審は、第1審のこのような判断が合理的なものといえるか否かを審査すべきである」として、死刑判決につき極めて慎重な態度を求めている。

４　死刑存廃論の現状

⑴　３つの論点

こうした死刑の適用・執行の現状においても、①国は犯罪者の生命を奪う権限を与えられているか（法哲学的論点）、②死刑に威嚇力はあるか（刑事政策的論点）、③誤判の可能性がある以上、取り返しのつかない死刑を適用することは適正手続に反しないか（適正手続き的論点）、④死刑は憲法36条の残虐な刑罰に当たるのではないか（憲法的論点）など、死刑存廃論は様々に展開され、現在も両論は健在である。しかし、「望ましくない制度」である死刑をそのまま維持する場合について、その論点を整理してみると、結局、①死刑に特有の威嚇力はあるか、②誤判の可能性をどう考えるか、③現在の死刑を容認している国民の応報感情をどう考えるかの3点に帰着するといってよい（川出敏裕＝金光旭『刑事政策〔第2版〕』〔成文堂、２０１８年〕80頁）。

先ず、死刑に特有の威嚇力があるかという問題であるが、死刑の適用が極めて限られている現状の下では、現実の威嚇力はほとんど期待できないであろう。もっとも、近年では、死刑に特有の威嚇力について、現実の威嚇力の有無は証明できないが、規範的威嚇力は証明できるとする見解がある。死刑制度があれば、凶悪・重大な罪を犯せば死刑になるという倫理意識が国民に植えつけられ、犯罪を止めるように方向づけられるという意味において、威嚇力はあるというのである。犯罪抑止効果の立証責任はいずれの側にあるかという問題もあるが、そもそも規範的威嚇力の立証そのものが不可能であろう。

次に、誤判の可能性であるが、存置論からは、誤判の回復不可能性は死刑以外の刑罰についても同様であり、「稀有の誤判を普遍化してことを論ずるのは刑事裁判の否定につながる」とされる。これに対し廃止論からは、懲役や罰金の場合と死刑の場合とでは、回復不可能性の質が異なると反論されるが、死刑の存廃を決定づけるのは困難であろう。以上の2点については死刑存廃問題を解決する決め手にはならず、これまでの議論は、甲論乙駁の「水掛け論」に終始してきたように思うのである。

最後に、現在の死刑を容認している国民の法感情ないし法意識をどう考えるかであるが、私は、この問題こそ死刑存廃問題の決め手になるものと考えている。現在のような適用・執行の状況であっても、死刑の存置が国民の応報感情を充たし、法秩序に対する信頼を維持する上で必要であるとすれば、敢えて現在の死刑制度を廃止する必要はない。死刑の在り方が国民の法意識から余り懸け離れてしまうと、国民の刑事司法制度に対する信頼を失うことになり、社会秩序の維持という刑罰の究極の目的の達成に支障が生ずることになるからである。

なお、死刑制度を正しく理解するためには、従来の死刑存廃論の前提となっている刑罰理論を根底から問い直すべきであるとして、「規範保護型の応報刑論」を主張する見解が注目される（井田・前掲書）。刑法は法益侵害としての犯罪を防止するために存在するが、具体的な行為の場面における法義務として刑法が各個人に要求するのは、個々の行為者の規範意識により回避可能な限度での規範違反の回避であり、刑法はまさに規範を保護することによって法益保護を実現するというのである。そして、それぞれの規範意識により回避可能な規範違反を非難するのが刑事責任であり、個々の行為者の規範意識を強化して犯罪を防止するために、責任非難に応じた刑罰が科される。こうした具体的場面における犯罪予防のことを「個別予防」と呼んで、独自の見解を打ち出している。問題は、この新説と死刑存廃問題とはどう結びつくかであるが、規範保護型の応報刑論からすれば、刑罰は行為者本人の規範意識を強化し、それを通じて刑法規範の保護を図ることを本質とするから、残酷な殺人犯であっても、死刑にすることは許されないということになり、死刑廃止という結論になる。この考え方には賛否両論があるかと思われるが、しかし、この考え方から喫緊の課題となっている死刑廃止を実現することは困難であろう。

⑵　国民の応報感情と世論

そうすると、社会秩序維持のためには、当該社会で認められてきた規範意識、応報感情を満足させ、法秩序に対する国民の信頼感を保持することが極めて重要となる。国民一般の法確信として、一定の極悪非道な犯罪者に対しては死刑もやむを得ないとする考え方が支配的であるとすれば、これを無視することは妥当でない。「わが国では、国民の一般的な感覚は、未だ、死刑の廃止を懸念なく肯定するところまではいたっていない」（大塚仁『刑法概説総論〔第4版〕』〔有斐閣、２００８年〕５２１頁）とする見解が現在の多数説となっている所以である。

私は、世論調査等を踏まえると、国民の一般的な法感情として、死刑の廃止を肯定するまでには至っていないと見るのが妥当であり、それゆえ、我が国の国民感情が変化し、死刑が通常の人間に衝撃を与え、残虐性を感じさせるに至った時に死刑は廃止すべきであると考え、「死刑廃止尚早論」を展開してきた次第である（大谷實『刑法講義総論〔第５版〕』〔成文堂、２０１９年〕５３１頁）。

５　あるべき施策

⑴　人権問題としての死刑

それでは、国民の大多数が、死刑を残虐な刑罰と感ずるようになるまで、現在の状態を放置してよいのであろうか。年間数百件ある殺人や強盗殺人等の犯人の中から、極悪な凶悪犯で、死刑もやむを得ないと思われる数件を選んで処刑しても、重大犯罪を抑止する効果はないのに、いわば見せしめとして、国民の処罰感情を満足させることだけを目的として死刑に処してもよいのであろうか。

これまでの廃止論者の多くは、もっぱら人道主義又はヒューマニズムの精神を支えとして展開されてきたが、むしろ現在の憲法が原理としている個人主義に立脚して、あらゆる価値の根源は具体的な一人一人の個人にあり、極悪非道の凶悪犯であっても、一人の個人として尊重されなければならない。また、近年では、個人主義に基づく共に生きる共生社会の理念が強調されるとともに、２０１５年の国連サミットで採択され、日本でも取組みが開始されたＳＤＧｓの基本理念である「誰一人として取り残さない社会」の実現を目指すためにも、死刑は廃止しなければならない。しかし、最近の内閣府による世論調査では、「死刑は廃止すべきである」とした者が９・７％、「死刑はやむを得ない」とした者は80・３％であり、世論調査自体に種々の問題があるとしても、この数字を基にして、直ちに死刑廃止を提唱することは難しい。とすれば、至難の業であっても、国民の法感情または法意識を改めるほかに方法はないであろう（大谷實「死刑と人権」同志社法学72巻1号〔2020年〕163頁）。

死刑廃止の根拠を人道主義や「誤判のおそれ」に求めてきた従来の運動に加えて、現代の個人主義に基づく共生社会においては、すべて国民は一人の個人として自分らしく生きる権利があり、いかなる凶悪犯であっても、人格の完成あるいは自己実現を目指すべき個人であり、こうした個人としての生き方を保障することが、個人主義を基礎とする共に生きる共生社会のあるべき姿ではないのか。

ちなみに、２００６（平成18）年に制定・施行された教育基本法1条は、「教育は、人格の完成を目指す」として、人生の究極の目的は「人格の完成にある」ことを明言している。個人は、それぞれ固有の人格を有するものとして、生きている限り本能的にその完成を目指す存在なのであり、その点に個人としての尊厳が認められるのであるから、その個人の生命を奪うのは、まさしく人権の剥奪であると考えるのである。

(2) 死刑廃止に向けた施策

問題は、死刑廃止をいかに実現するかである。具体的には刑法の改正であるが、刑法改正を直接に担当するのは法務省であり、法務当局が最も関心を寄せるのは、国民の法感情又は世論の動向であろう。しかし、いかに説得力のある死刑廃止論を提唱しても、死刑を廃止する法案を国会に提出するのは、現状ではほとんど不可能である。冒頭で紹介した日本弁護士連合会の活動や超党派の「死刑の在り方の今後を考える議員連盟」も、死刑の人権問題を憂慮して運動を展開されている点、極めて有意義であり敬意を表する次第である。また、個々に運動を展開されている研究者等の尽力も貴重であるが、最近の世論調査からも明らかであるように、そうした活動は、世論の形成にほとんど寄与していないのではないか。内閣府は、5年ごとに世論調査を実施しているが、死刑を容認する人は、

２００4年以降、4回連続で8割を超えているのである。かつてのフランスのミッテラン大統領のように、「私は良心の底から死刑に反対する」と公約して大統領に当選するといったような卓越した政治家の活動があれば、死刑賛成の世論が大きく変わることはあり得ようが、率直に言って、現時点ではそのような望みは薄い。

そこで、死刑廃止の取り組みとして、現在最も求められているのは、死刑容認の世論を変えることではないか。世論の中身は、「凶悪犯人は、命をもって償うべきだ」とか「被害者や家族の気持ちが治まらない」といった素朴な正義感ないし国民感情であるだけに、これを改めることは、文字どおり至難の業ではあるが、他に適当な方法がないとすれば、それに挑戦するほかはない。そして、法務当局に情報の公開を求めて、現在収容されている１０7人の死刑囚の実態と処遇の内容、死刑執行前後の死刑囚の状況、特に執行の過程での苦痛と恐怖を一般社会に周知できれば、素朴な正義感、処罰感情が大きく変わることが予想される。そして、何よりも人間の尊厳を奪われて生きて行かなければならない死刑囚の悲惨な境遇といった死刑の問題性を一般社会に周知させることができれば、世論又は国民感情は変わることが予想される。

問題は、どのようにして国民に周知させることができるかである。日本弁護士連合会や超党派の国会議員の有志などの団体が連携なしに死刑廃止運動を展開していたのでは、世論を変える力にはならないであろう。そこで、例えば、法務省の外郭団体である「公益財団法人人権教育啓発推進センター」のような団体を組織して、自治体や国の人権擁護機関、民間の人権団体さらには死刑廃止に積極的に取り組んでいるメディア等を通じて、情報公開の理念のもとに死刑制度の運用の実態を国民の前に具体的に明らかにし、その上で国民に死刑是非の判断を委ねる体制が不可欠であると考える。そして、死刑廃止の理念は、個人主義に基づく共生社会の実現であり、この観点からの国民の意識改革が「いま」求められている最善の施策であることを、敢えて力説しておきたい。

（おおや　みのる・同志社大学名誉教授）

第2章　死刑制度の存廃をめぐって――議論の質を高めるために

井田　良

1　はじめに――本稿のねらい

死刑制度をめぐっては古今東西、無数の研究があり、それは現在でもくり返し議論の対象とされている。特に死刑存置国である日本にとり、死刑制度の存廃とその運用の在り方は喫緊のテーマであり続けているといえよう。ただ、事態は、普通の法解釈論上の論点の場合とは大きく異なるように思われる。たとえば、実行の着手や承継的共犯といった争点であれば、画期的な解決が提案されるとか、決定的な視点が明らかにされるといったことは想像不可能ではないが、これに対し死刑存廃論に関しては、まったく新たな、重みのある論拠が考案されるとか、ましてや最終的解決が提示されるとかいったことはおよそ見込み薄なのである。そういう状況にあって、死刑について書かれた日本の出版物（その一定部分は床屋政談ないし社会評論家の雑談のレベルのものであるが）に接してしばしば受ける印象は、それが存廃論どちらの立場からであっても、さほど説得力のない論拠がいかにも決定的な論拠のように持ち出されるということである。[1] 少なくとも刑事法を専攻する者（すなわち、刑罰問題の専門家を標榜する者）の議論であれば、提示される論拠には一定の「資格」が必要であろう。現時点におけるわれわれの重要な任務の一つは、そういう「資格」を欠いた、学術的検討の価値のない論拠を[2]「お払い箱」にし、真に検討の価値のある論拠とその重みを明らかにすることにより、ただでさえ困難なこの議論における「複雑性の縮減（Reduktion von Komplexität）」を可能とすることではなかろうか。

本稿は、死刑存廃に関するいずれかの立場からこの問題を論じようとするものではない。私個人は死刑廃止論に与するが、[3] ここではその主張を正面から展開することを最初から意図していない。右に述べたような問題意識に立ち、存廃論の対立の「主戦場」と呼びうる重要な争点のいくつかに焦点を当て、それらを批判的に検討することとしたい。そのことを通じて、今後の学術的議論においては使われるべきでない（持ち出しても意味のない）論拠を選別することが当面の目標になる。それはささやかな目標ではあるが、死刑をめぐる議論の現状においては、それにある程度、成功するだけでも、今後の議論のために一定の意味が認められると考えられる。

2 死刑のもつ一般予防効果

まず取り上げるべき争点は、死刑に一般予防効果（それは「威嚇力」とか「犯罪抑止力」とかと表現されることもある）があるかどうかである。死刑廃止論の立場から存置論に向けて提起される常套的な批判は、死刑は犯罪を思いとどまらせる一般予防効果をもたない（少なくともそれは科学的に証明されていない）ということである。たしかに、死刑の一般予防効果は、死刑存置論の前提であり、また中心的論拠というべきものである。かりに死刑には刑種として無期懲役と同程度の一般予防効果しか認められないとしたら、そのときには、死刑存置論はその合理的根拠を欠くことになろう。「いや効果がなくてもかまわない。応報を理由として正当化されるのだ」とはいえない。現在の刑罰理論は、応報を科刑原理とするとしても、将来に向けて犯罪予防上の必要性が認められることを刑罰の正当化理由としており、「応報のための応報」のみで刑罰権行使が正当化されるとは考えない（いいかえれば、絶対的応報刑論を斥けて、相対的応報刑論をとっている）からである。そうであるとすれば、死刑の一般予防効果の有無は、存廃論の対立において雌雄を決する決定的な争点ということになるはずである。

しかしながら、死刑は一般予防効果をもたないとか、それは科学的に証明されていないとかの主張のもつ意味とその重みについては、死刑のみを切り離して論じるのではなく、刑罰制度の全体を考慮に入れて、より厳密に検討する必要がある。死刑存置論の側は、くり返し持ち出されるその主張に対し、それを重要なものとして受け止めていないように見えるが、それには理由があるように思われる。結論を先に述べるとすれば、いわゆる相対的応報刑論とは、刑の一般予防効果が科学的に証明されていない限り、刑を科すことは正当化されないという主張ではない。それは、一般予防効果が生じることが想定される（ある程度、確からしい）からこそ刑罰制度に合理性が認められるという以上の主張ではありえないのである。

現行の日本刑法は、死刑（生命刑）のほか、自由を奪う刑罰（自由刑）である懲役・禁錮・拘留の三つ、財産を奪う刑罰（財産刑）としての罰金・科料・没収の三つという、全部で7種類の刑罰を認めている（刑法9条以下を参照。なお、二〇二二年六月、刑種としての懲役刑と禁錮刑の区別をやめ、これを「拘禁刑」という名の一つの刑に統合する刑法一部改正法が成立し、その三年以内の施行が予定されている）。そして、これらの刑罰の犯罪抑止効果が（刑種として個別的に、また刑罰制度全体としても）科学的に証明されているわけではない（また、将来においてもその証明は困難であろう）。すなわち、その効果が科学的に証明ずみではないという点では、死刑も死刑以外の刑罰も同じなのである。[4]

現行法が基礎に置いていると考えられる刑罰の理解（一般には、これを応報刑論と呼ぶ）によれば、刑罰は犯罪行為に対する非難として加えられる苦痛であることを本質とする。[5]受ける者にとり同じ苦痛をともなうものでありながらも、罰金を科されることが税金を課されることと区別され、懲役刑を受けることが感染症患者の強制隔離と区別されるのは、罰金や懲役が非難として（つまり、行為に出た意思決定に対する否定的評価を本質的な内容として含む制裁として）その者に科されるからである。現行法の下における刑罰が非難として加えられる苦痛であり、非難として苦痛が受け止められることを本質的内容とする法的制裁であるとすれば、刑罰が科す者から科される者への「意味の伝達」であることがきわめて重要である。刑を科す側は犯罪行為を理由とする非難を行為者に対し告知し、非難を告知された行為者はそれを受け止めてそれと理解する。まさにそこに刑罰の本質があると考えられる。外形的に加えられる生命・自由・財産の剝奪は、それ自体として重要ではない。それらは、非難を体現する手段ないし方法にすぎない。まさに重要なのは、そこで伝達される「意味」そのものであり、もしかりにその意味を犯罪行為者に対し強烈に伝達できる手段が他に存在するのであれば、生命・自由・財産の剝奪は、それに置き換えられてかまわない。それは刑罰にとり何ら本質的なことではないからである。(6)

そして、刑罰が奪う法益としてどのようなものを選ぶかの判断にあたり重要なことは、普通の人が刑の内容が自分個人にとり不利益なものであり、それを受けることをぜひとも回避したいと思うかどうかである。犯罪を行うことには、大きな魅力がある。刑罰は、犯罪を実行することによる快楽ないしプラスの利益の取得を、普通の人であったら思いとどまるであろう、と考えられるほどの強烈なマイナスの経験をその人に与えるものであることが必要であり、またそれで足りる。その生命を奪われることは個人個人にとり（長期の自由剝奪と比較しても）通常ぜひとも回避したい事柄であり、そして、それが他者を直接には巻き添えにしない一身専属的な経験であると観念されているとすれば、それに非難を結びつけることが可能である。生命は、このような見地から刑罰が奪う法益として選ばれていると理解することができる。たしかに、この社会の中に、通常の人はそれを受けることをぜひとも回避したいと思うことでも、その回避を望まない人が少数存在することは事実であろう。極端なことをいえば、殺されることを望む人や、刑務所に収容されることを何とも思わない人も――それがごくわずかであるとしても――現に存在するかもしれない。しかし、そのことは、生命・自由・財産という、刑の内容としての不利益の選択の合理性を否定するものではまったくない。ほとんどの人がそれをぜひ回避したいと思っているのであればそれで足りるのである。

そうであるとすると、刑罰による犯罪予防とは、何よりも非難の告知による将来の行動のコントロールである。そして注意すべきことは、このような非難という意味の受取り手（すなわち、意味の伝達の宛先）は行為者だけではないということである。もしかすると将来、同様の罪を犯す状況に陥りかねない多くの潜在的行為者、すなわち、われわれもそこに含まれており、人の数ということでいえば（したがって、刑罰による意味の告知による予防の効率性ということでいえば）そちらの方がより重要だともいえる。これが応報刑に含まれる一般予防の側面である。この点を重視する多くの応報刑論者にとり、応報刑とは一般予防刑にほかならない。刑罰は、この意味における（ある程度の）犯罪抑止効果をもつと期待されることから、制度として認められており、より重い刑罰であればあるほど（たとえば、罰金刑よりも懲役刑の方が）より強い非難の告知であり、そこでより大きな犯罪抑止効果をもつであろうという「仮定」が刑罰制度の基礎にある。高額の罰金であればあるほど、長期の懲役であればあるほど、そして極刑である死刑であればそれよりも犯罪抑止効果は強いと考えられる（いいかえれば、そのような想定が経験的に確からしい）からこそ、刑罰制度が現在のような形で設けられ、かつ運用されているのである。

死刑に一般予防効果がないから刑として失格だと主張する人は、長期の自由刑には（より刑期の短い自由刑と比べて、より大きな）一般予防効果があると考えないのであろうか。もしそれがないとするのであれば、それにもかかわらず、そのような刑期の差異はなぜ正当化されると考えるのであろうか。もしそれがあると考えるのなら、いかなる科学的根拠に基づいてそう考えるのであろうか。罰金刑についてはどうであろうか。その一般予防効果は科学的に証明されていないが、それにもかかわらず、なぜ罰金刑の廃止を主張しないのであろうか。

要するに、刑罰の効果についての（多かれ少なかれ科学的な）証明を要求することは、現在の段階では「無い物ねだり」であり、ひいては現行の刑罰制度そのものを否定することになりかねない。論者が、死刑以外の刑罰についてもまったく同様であることには完全に口を閉ざして死刑のみについて一般予防効果（ないしその科学的証明）の欠如を指摘して論難するとき、そこにフェアでないものを感じるのは死刑存置論者のみではないのである。[7]

ここから、死刑廃止論の主張は、次のような形に相当に「弱められた」ものとならざるをえないと思われる。すなわち、どの刑罰もその効果がそれほど明らかでないから、できるだけ控えめに使うべきである、そして、特に死刑については、そのマイナス面を補って余りあるほどの一般予防効果があることがそれほど明らかでない以上、これを廃止したほうがいい、とするのである。しかし、このような「腰砕け」の廃止論の主張に対しては、少なくとも同じぐらいの説得力をもつ存置論の主張を対置することができよう。組織犯罪集団や政治的・宗教的なテロリストなど、社会に潜んでいる「敵」たちに対し、どれだけ多数の人を殺害しても絶対に死刑にはならないという「保証」を与えることは危険であり、自由社会にとっての安全弁として死刑を存置しておくべきだとする主張である。これは、そう簡単に斥けることのできない主張であるように思われる。

3 「被害感情」と死刑制度

他方で、死刑存置論の側の重要な支えとなっているのは、凶悪犯罪の被害者および遺族の存在、その心情（果てしない悲しみ、苦しみ、悔しさ、そして怒り）への共感であろう。本稿では、犯罪の被害者やその遺族が犯罪行為者に対してもつ処罰感情のことを「被害感情」と呼ぶこととする。それは、回復しようもない大きな被害を受けた者がもつ、その被害に対応した刑が科されるべきだとする要求のことにほかならない。そこで、以下では、まず具体的な事件の量刑において被害感情が考慮されてよいかどうかについて簡単に検討し（後出(1)）、次いで、被害感情の存在が死刑制度の根拠となりうるかについて論じることとするが、[8] その際、刑罰による公益と私益の考慮の兼ね合いが決め手となることを指摘することとしたい（後出⑵）。

⑴　量刑における被害感情の考慮

死刑の選択に関し、「永山基準」と後に呼ばれることとなる基本的考え方を示した最高裁判所判決も、死刑の選択にあたり考慮すべき事情の中に「遺族の被害感情」を挙げている。[9] しかしながら、被害感情がどのような形で刑の重さに影響すると考えるべきかの問題は、決して解答が容易ではない。実務家であると研究者であるとを問わず、少なくとも刑事の専門家の間では、具体的な事件における被害者や被害者遺族の被害感情が（いわば「生の処罰感情」が）そのまま考慮されて、刑の重さに影響してはならないとする見解が一般的であろう。被害感情は一様のものではなく、個人差があるからである。感情を表に示さない人もいるであろうし、何らかの理由で遺族が宥恕している場合もあるだろうし、遺族がいない場合もあるであろう。それらの事情により、刑の重さが変わってくるとすれば、それは妥当でないと考えられる。

とはいえ、被害感情が刑を決めるにあたりおよそ意味をもたないということにはならない。被害感情は、平均化・一般化・類型化された形では刑の重さに影響する。すなわち、それはすでに法定刑を定める際に考慮されているる。量刑においては、法定刑がその出発点となり、それを修正した処断刑の幅の中で宣告刑が決められるのであるから、被害感情は法定刑を介して最終的な刑に反映するのである。そうであるとすれば、具体的事件において、このような平均的・類型的なものから外れる特別な事情が存在するのであれば、それを処断刑の範囲内で刑を決める際に考慮することは排除されないことになる。[10] いわゆる「被害感情の客観化」の主張は、犯罪被害の結果として生じた被害者側の客観的な被害状況ないし影響（すなわち、被害を受けたことにより、平素の生活にどのような支障が生じているか）を量刑事情として考慮しようとするものであるが、[11] その事情が平均的・類型的なものから外れる特別な事情といいうる限りでその主張は理解が可能である。[12] ただ、それが考慮されうるとしても、その量刑事情としての「重み」がさらに問題になる。被害者または被害者遺族の日常の生活に客観的支障が生じているとしても、このことを理由としてそれほどに刑を重くすることまでは許されない（被害感情の客観化を提唱する論者も、そのような事情は刑の大枠を変えるものではなく、大枠内で一ランクないし二ランク程度考慮すべき情状にすぎないとする）。[13] あくまでも刑の重さが対応すべきものは処罰対象（起訴対象）となっているその事実そのものでなければならないからである。[14]

他方で、被害感情は、別の意味では刑の軽重に相当大きな影響を与える。それは次のような事情があるからである。被告人が被害感情を軽減するために積極的な努力をした（謝罪とか損害回復とかいろいろな形がある）ときには被告人への刑はある程度（犯罪の種類によってはかなり大幅に）軽くなるのが通常である。それにより行為者の犯罪に対する責任の重さが減少する（非難可能性が減弱する）と考えられるし（ただ、行為責任主義の下では、これに対し異論がありうることは否定しない）、再犯のおそれも低いと評価されるからである。さらに、そういう被害者のための努力は刑法ないし刑事裁判制度の目的に適うものであり、褒賞《ほうしょう》ないし特典を与えて大いに奨励すべきであるという（刑罰を科す際にも追求することが許されてよい）政策的考慮によるとすることも可能である。実質的には刑の執行の一部に自ら服した、と評価することもおよそ不可能とはいえないであろう。いずれにしても、被告人が被害感情を緩和・軽減するために積極的な努力をしたときに刑が軽くなることを認めるとすれば、その反面において、被害感情を軽減させるための努力をしない行為者との関係では相対的には刑は重くなることになろう。これは、被害感情が刑を重くしているというのとは異なる。また、被害感情を軽減する積極的努力をしない犯人の刑を重くしているというのとも異なる。そうではなく、被害感情を軽減するために積極的な努力をした被告人については、その努力を評価して刑を軽くしているのにすぎない。[15]

以上のように見てくると、被害感情は量刑においてでさえ、きわめて限定された形で考慮されるにとどまり、その考慮のされ方にも種々の制約があることが明らかである。

(2)　被害感情は死刑の根拠になるか

刑罰が被害感情を和らげる効果をもちうることは否定できない。しかし、刑罰はそのために科されるというものではなく、刑罰による被害感情の宥和にも大きな限界がある。かりに被害感情がどれほど強くても、行為者が故意でそれをやったのか、過失にすぎないかにより刑の重さは大幅に違うし、精神障害といった理由で責任を問いえない者であったならば刑罰を科すことはできない。今の刑法は、被害感情を処罰にそのまま反映させることができるようにはなっていないのである。また、殺人の被害者遺族のうち、その加害者が死刑になるのはきわめて少数である（家族が殺人の被害者になったというとき、その報復感情が癒やされない人がほとんどということになる）。そういう状況の下で、被害感情を考慮することがどういう意味をもつかが問われよう。被害感情をより強く考慮することにすれば、たしかに、境界線上において死刑判決は増加することになり、被害感情の充足が得られるケースは増加するであろう。しかしながら、それは引き下げられた境界線上において、被害感情の充足がギリギリ得られない、新たなケースを生み出すことになる。そこでもまた、その充足のため死刑言渡しのハードルを下げることにすれば、結局、際限なく死刑判決を増やしていくべきことになりかねないのである。

ここで、われわれは死刑をめぐる本質的な問題にまさに直面することになるといえよう。被害感情は「生」のままでは私的利益であり、刑法が保護し実現すべきは「公益」である。私的利益は民法を中心とする私法により保護されるのに対し、刑法による行為者処罰は、公的利益の追求のために行われるというのが今の法制度の建前になっている。民法が故意と過失を同等に扱うのに対し、刑法はそうではないというのもその現れである。刑法は、私的損害の発生とは無関係に登場しなければならない。贈収賄等の汚職の場合がそうであるし、刑法は損害が発生しなくてもたとえば未遂犯として処罰することもまた多い。

こうして、刑罰と被害感情の充足とは永遠のミスマッチであり、カテゴリーミステイクにとどまる。被害感情が重罰化に向けられても、そこにはたくさんの「障害」が出てくる。それは結局、十分に充たされずにとどまり、刑事司法に対する批判のみが残ることになる。被害感情が刑法の領域で市民権を得るためには、それが単なる私益から公益に転化する必要があろう。被害者と被害者遺族は、憎むべき犯罪により特別の立場に置かれた人たちであるが、それは他人事ではない。自分であったかもしれない。明日の自分であるかもしれない。被害感情はわれわれ皆が共有すべきものである。被害感情を平均化・類型化したところには有効な犯罪予防への要求が出てくる。これはまさに刑法と刑罰制度を根拠づける公益そのものである。刑法は万能ではないが、しかしより有効な犯罪予防のためにいかにあるべきか。そのためには死刑もまた最後手段として必要ではないか。このように問題を立て直すことができれば、公益のために個人の生命を奪うという死刑制度の本質が露わになるとともに、われわれ皆が同じ土俵で、その限りですれ違いなく議論することのできる問題が正面から提起されることになるのである。

具体的な事件をきっかけとして生じた強い被害感情は、犯人に刑罰を科すことの中では充たされる・癒やされるということにならない。刑法の歴史は、被害者による犯人に対する報復というところから始まった。それは「被害者の黄金時代」ともいわれる。が、その後の刑法の歩みは、まずは民刑の分離、すなわち民法と刑法を分離し、私益と公益とを区別して刑法を公益の保護のための制度として組み立て直すところから再出発し、そこからまた長い歴史を経てきた。それは、被害感情を刑の重さに直結させないようにするための様々な仕組みを作る歴史であったということさえできる。現在の刑法のシステムにおいては、被害感情が重い刑に直結することを阻害する装置がいくつも設けられているのである。もし被害感情がもっぱら刑を重くすることに向けられるのであれば、法制度との溝・ギャップは深まらざるをえない。より生産的で、相互が同じ方向で努力できる道筋は描けないものか。大変難しい問題ではあるが、われわれはこの点に衆知を結集すべきなのである。[16]

このようにして、社会の求める重罰化の主張に抗い、かつ死刑廃止への道筋をつけるためには、刑罰が果たす公的秩序維持ないし法益保護の機能という公的次元と、被害者が受けた法益侵害という私的次元の区別を十分にわきまえた理論を構築し、これをもって社会を説得すべきである。しかし、現在の刑罰理論はどうであろうか。こうした二つの次元を截然とは区別せず、混淆・交差させて議論を展開しているのではないだろうか。とりわけ犯罪論・刑罰論における結果無価値の強調は、戦後期における秩序重視の権威主義およびモラリズムに対抗するためのものであったが、他方において、刑罰の公的次元と私的次元の差異を曖昧にするものであり、そこから重罰化と死刑存置の主張に対し理論的に無防備にするものであり、これに対抗するための理論的根拠をほとんど提供することができなかったといいうるのである。

より具体的に述べることとしよう。死刑存置論の立場からの一つの主張として、刑罰理論のもっとも基本的な原則である「罪刑の均衡」の原則からは、犯罪の重さに見合った刑（応報刑ないし責任刑）を科すことが基本とされるのに、どんなに凶悪な犯罪を犯しても、すなわち犯人が何人、いや何十人殺害しても刑は無期懲役止まりであり、死刑にしてはならないとする死刑廃止論の主張はこれと調和せず、「理論として破綻している」とするものがある。[17] たしかに、死刑存置論の一つの強い根拠となっているのは、応報刑思想であり、その重要な内容である罪刑均衡の原則であろう。この原則と死刑との関係については、刑罰理論の見地からの立ち入った検討が要請されているというべきである。応報刑論は、刑もまた一つの害悪（すなわち、苦痛としての利益侵害を本質的内容とする不利益制裁）であることを前提としつつ、それが犯罪という害悪との間で均衡の関係に立つべきものとする。天びんの片方の皿に犯罪を載せ、もう片方の皿に刑を載せて、釣り合いをとるというイメージである。しかし、ここで問題となるのは、犯罪のもたらす本質的な害悪（刑という害悪に対応すべき犯罪の害悪）とは何かということなのである。この点に関し、それは、犯罪によりもたらされた有形的・可視的な被害（殺人罪の場合であれば、被害者Aの死という実害）がこれにあたると考えるのであれば、量刑判断にあたっては、被害者の死に対応する刑、すなわち死刑が出発点となることになろう。意図的な生命侵害に対応する刑としては極刑としての死刑も視野に入るが、ただ、責任（非難可能性）の程度に応じて減軽されることとなる。処罰の根拠としては死刑まで求められることを前提とし、被告人の側に同情すべき事情があることを理由として何とかそれを差し引き、死刑を免れさせるという判断方法がとられることになる。このように、生じた被害に対応する刑が出発点となり、犯人の意思決定への非難の程度で刑が軽減されるにすぎないとする考え方をとるなら、多数の人を意図的に殺害したようなケース（その極限的な例が、アドルフ・ヒトラーの所為であろう）について死刑以外の刑がその犯罪に対応する刑であると考えることは困難となる。こうして、刑罰理論の領域において刑罰の公的次元と私的次元の差異を曖昧にする見解は、死刑存置論の主張に抗することがおよそ困難なのである。

以上を要約すれば、日本の刑罰理論は、刑罰の公的次元と私的次元を曖昧なままに混淆させるものとなっており、死刑存置論に抗するポテンシャルをもたないものに堕しているといっても過言ではない。この点については率直な理論的反省を必要とするであろう。(18)

4　誤判の可能性と死刑制度

死刑廃止論の一つの重要な論拠は、誤判が生じたときに取り返しがつかないということである。(19)これはかなり決定的な批判的論拠であるといえよう。とりわけ、ここにいう「誤判」の中には、被告人が真犯人かどうかという

（犯人性に関する）判断ばかりでなく、責任能力等の判断の場面における誤判や、犯行全体における被告人の役割の大きさの評価の誤りとか、被告人に有利な量刑事情の見落としとかに起因する誤った死刑の言渡し、さらには被告人の生育環境の劣悪さが十分に評価されなかったり、脳の疾患等の生物学的負因が見落とされたりすることも考えられるからであり、それらすべてを考慮に入れるならば、誤った死刑判決に至る可能性は決して稀有な例外とばかりは言い切れないからである。

さすがに、誤判により不正な死刑の言渡しと執行が行われうることは、どうしても必要な制度の運用にともなう「不可避的なリスク」として甘受すべきものという主張は聞かない。それは、この点の死刑の問題性にもかかわらず死刑制度を正当化しうるための論拠としては、およそ成り立ちえない主張であろう（なお、死刑制度は犯人に非難を加えてこれを意図的に殺害する制度なのであるから、道路交通のシステムの下で自動車の高速度走行を許容することにより一定数の、意図せざる交通事故死が生じることが「不可避のリスク」であるといいうるのとは相当に事情が異なる）。

そこで、死刑存置論の立場が、こうした誤判の問題についてどう考えるかが問われることになる。死刑存置論の側は、これを必ずしも致命的な問題点とは考えていないように見えるが、それは――「不可避のリスク」論をとるというのでないならば――誤判に基づく誤った死刑判決が確定し、さらにその執行が行われることは実際上生じえない、と暗黙のうちに前提とされているものと推測されるのである。こうした前提（すなわち、誤判の可能性は、実際問題としては、それを無視することができるほど考えにくいことであるという想定）が成り立つにあたっては、日本では一般的に誤判が少ない、とりわけ重大事件についての有罪認定に関しては誤りが稀有と考えられていることに加えて、さらに慎重を期すための、法務省内における死刑執行起案書の作成手続の存在も大きいといえよう[20]。このような手続を通じて、確定判決を経た事件であっても、法的・事実的見地から一抹の不安が残る事件の判決については、法務大臣による執行を命じる手続がとられず、事実上執行がなされないことになる。こうした、いわば「第四審」の手続を通じて、死刑確定判決にはさらにフィルターがかけられることになり、誤った判決の執行の可能性は極小化すると考えられることになるのであろう。

たしかに、このような慎重な手続は、万が一にも「司法殺人」が生じないようにするための工夫として評価されるものの、これにより、右に述べたような、誤判にともなう問題性が完全に解消されるとはいえないことに加えて、慎重を期することから執行までの時間が長くなるとともに死刑確定者が増加することになり、これにともない、執行に当たっての選別基準の不明確性とその恣意性を感じさせるものとなり、疑いのある者については、長期にわたり（事実上執行されることがないのに）ただ執行の恐怖にさらし続けることになるという重大な問題をもっている。[21] 日本の死刑制度に対する、最近の国際人権組織やヨーロッパ諸国の批判はここに（も）向けられている。これは、人権感覚をもつ国が死刑制度を運用する際に生じさせる二律背反（パラドックス）ともいうべきものであり、それが、いま諸外国から異常な事態として認識されているのである。

以上のように考えてくると、誤判による取り返しの付かない執行の可能性と、それを避けんとするがゆえの執行までにかかる時間の長さ、その過程で確定者を執行の恐怖にさらし続けるという人権侵害——これらこそが日本の死刑制度を正当化することを最も困難にしている決定的な事柄というべきである。この点についてどのように考えるかで結論が分かれるのである。

5　死刑の運用の在り方

最後に、死刑制度の存廃そのものに関する争点ではないが、従来の死刑存廃論議のいわば狭間に陥り、きわめて重要な刑事政策的課題に属するにもかかわらず、なおざりにされがちであった問題についても触れておきたい。それは、いま存在する現行の死刑制度をどのように運用していくのかという問題である。死刑存置論の立場からはむしろ答えることが必須というべき問いであり、死刑廃止論にとっても、廃止が実現するまでの間において（しかも当面、廃止が実現しそうにないことは明らかなのである）その運用がどうあるべきかは真剣に検討すべき問題である。それにもかかわらず、存廃論に焦点が当てられ、運用論が閑却されてきたきらいがあるといわなければならない。死刑制度についてどのような立場をとるにせよ、それが現行の制度であるからには、それぞれの立場からその運用の改善に向けて知恵を絞るべきことは当然である。

私の見るところでは、死刑制度の運用につき、根本的には次の二点が問題となる。[22] そして強調すべきことは、これらのいずれの論点についても、存廃論についていかなる立場をとるにかかわらず、合意を形成することが可能である（より強くいえば、刑事法学者である以上、合意しなければならない）ように思われることである。まず、第一に、日本の現状では、殺人事件が減少しており、少なくとも殺人を禁止する刑法規範の効力が動揺しているとか、その効力の補強が必要であるとかの事情は認められない。そこで、現在の実務の死刑適用基準を緩和してより多くのケースで死刑を言い渡す方向に変化させなければならない理由はない。それを主張しうるのは、犯罪の実態におよそ関心をもたない絶対的応報刑論の立場をとるときのみであろう。したがって、現状において、死刑適用基準に関しこれを緩和する方向（死刑の適用を拡大する方向）への変化を求めることはおよそ合理性を欠くのである。[23] 死刑が刑種として種々の問題を含んでいることは誰も否定できないのであるから、むしろより死刑の適用を制限する方向への漸次的変更を心がけるべきであろう。このことは、殺人事件の減少という実態面からばかりでなく、日本の死刑制度が特にヨーロッパ諸国を中心とする諸外国からの国際的な批判を浴びていることからも法政策的に望ましい方向である。

第二に、死刑の執行方法については、不必要な苦痛と恐怖を与える現在の執行方法はやめるべきであり、薬物注射の方法に移行すべきであろう。[24] この点で示唆的であるのは、スイス等の諸国では、自殺幇助が合法とされており、一定の団体がこれを組織的に行っているが（EXIT や DIGNITAS がよく知られている）、そのときに用いられる手段が「首つり」なのではなく、薬物（ペントバルビタール）によるものであることである。余計な苦痛と恐怖を与えることがないと考えられるからこそ、そのような方法が選ばれている。そもそも近年のスイスにおいて自殺幇助がこれだけ普及したのも、苦しみなく死ぬことのできる薬物の実用化がその背景にあるといわれている。そうであるとすれば、死刑の執行についてもこれを手段とするものに変更すべきであろう。

死刑存置論の立場から、死刑執行方法について言及されることが少ないのは、死刑については、執行の過程で苦痛と恐怖を与えることこそが刑罰の一内容であると考えているのではないかとの疑いもわく。しかし、そのような刑罰はもはや残虐で非人道的であるという評価を免れることはできないであろう。死刑廃止論の立場からこの問題に言及されることが少ないのは、論者が、そのような提案をすれば、死刑制度を肯定したものと受けとられかねないと考えているせいかもしれない。しかし、自己の立場から承認できない現行制度については、その運用の改善にもまったく関心をもたない・およそ関わりをもちたくないというのは、法律家としては、その資格を疑わせる、独善的な態度であると思われる。

（1） ただし、最近の出版物の中では、デイビッド・T・ジョンソン著＝笹倉香奈訳『アメリカ人のみた日本の死刑』（岩波書店、２０１９年）が、私にとっての一つの重要な例外である。

（2） これは当然のことであるが、「学問的検討の価値のない論拠」というとき、そこでは一定の刑罰理論上の立場決定を前提にすることがある。たとえば、絶対的応報刑論を前提としなければ成り立ちえない論拠は、右の意味での「学問的検討の価値のない論拠」である。なぜなら、現代の刑罰理論においては、もはや絶対的応報刑論は（管見の及ぶ限り）主張されていないからである。

（３）　井田良『死刑制度と刑罰理論――死刑はなぜ問題なのか』（岩波書店、２０２２年）を参照。なお、同書の補論（１７７頁以下）と本論文の内容との間には共通ないし重複するところがある。

（４）　なお、ここで刑罰の一般予防効果というとき、刑法と刑罰制度が存在し、刑法の条文を通じて犯罪に対する刑が警告されていることに基づく（つまり刑の法定による）一般予防効果と、具体的事件が起こったときに公開の法廷において当該被告人に対し現実に一定の刑を言い渡すことによる一般予防効果（さらには、刑の執行を通じての一般予防効果）がある。厳密には、これらを区別した検討が必要であるが、複雑な議論になるのを避けるため、ひとまず次のように理解しておくことにする。すなわち、ここでは、主として前者の（刑の法定と警告による）一般予防が中心であるが、しかし、刑の法定と警告が「こけおどし」のものとならないように、後者の、具体的な犯人に対する刑の言渡しと刑の執行とが必要になる、という理解である。

（５）　以下に述べる点については、井田良「『死刑不可能論』は可能か」『浅田和茂先生古稀祝賀論文集・下巻』（成文堂、２０１６年）５３１頁以下を参照。

（６）　団藤重光の定義によれば、刑罰とは「犯罪のゆえにその行為者に加えられる国家的非難の形式」である。団藤重光『刑法綱要総論〔第３版〕』（創文社、１９９０年）４６８頁。刑罰の目に見える現象面、すなわち、生命・自由・財産の剝奪は「形式」にすぎず、代替することも可能である。刑罰の内実は、犯罪を理由とする「国家的非難」なのである。

（７）　私も、科刑が一般予防効果を有することが刑罰制度の正当化される理由であると考えており、その際、個人の社会化の過程における社会規範の内面化が――刑法と犯罪者処罰によるその補強と相まって――社会秩序の維持（したがって、法益の保護）のために決定的な機能を営んでいることが本質的に重要だと考えている。たしかに、こうした機能についても、厳密な意味で経験科学的に証明されているとはいえないであろう。しかし、それがさまざまな経験的事実と矛盾しない、ある程度の経験的確からしさを肯定できる想定なのであれば、刑罰制度を支える根拠となりうるのである。詳しくは、井田『死刑制度と刑罰理論』（前掲注（３））１３０頁以下、１８８頁以下を参照。

（8）以下に述べる点については、詳しくは、井田『死刑制度と刑罰理論』（前掲注（3））104頁以下、158頁以下を参照。

（9）最判昭58・7・8刑集37巻6号609頁。その判決理由中で次のように述べている。「結局、死刑制度を存置する現行法制の下では、犯行の罪質、動機、態様ことに殺害の手段方法の執拗性・残虐性、結果の重大性ことに殺害された被害者の数、遺族の被害感情、社会的影響、犯人の年齢、前科、犯行後の情状等各般の情状を併せ考察したとき、その罪責が誠に重大であって、罪刑の均衡の見地からも一般予防の見地からも極刑がやむをえないと認められる場合には、死刑の選択も許されるものといわなければならない」。

（10）平均的・類型的なものを量刑において（重ねて）考慮するとすれば、すでに法定刑を決めるときに考慮されている要素を、具体的な事件の量刑で再び考慮することになるから、刑の決定のプロセスにおいてその事情に不相当な重みを認めることとなり、「二重評価禁止」の原則に反するということになる（なお、ドイツ刑法四六条三項には、この原則についての明文の規定がある）。

（11）原田國男『量刑判断の実際〔第3版〕』（立花書房、2008年）146頁以下、335頁、357頁、同『裁判員裁判と量刑法』（成文堂、2011年）89頁以下、264頁など。

（12）ただし、この主張を一般化することが可能であるかどうかにはなお疑問がある。むしろ構成要件関係的な精神的被害といいうる場合（傷害概念に当たる場合はもちろん、強盗・恐喝や性犯罪の被害者に生じた精神的ダメージからその社会生活に重大な支障が生じたときなど）に限られるのではないかとも考えられる。しかし、この問題については、ここではこれ以上立ち入らないこととする。

（13）原田『量刑判断の実際』（前掲注（11））152頁、同『裁判員裁判と量刑法』（前掲注（11））90頁を参照。こうした〔刑の大枠と区別された〕「刑のランク」のイメージは必ずしも明らかではないが、比較的軽い刑の場合は、懲役一年↓一年二月↓一年四月↓一年六月といった刻みになり、懲役一〇年以上の比較的重い刑の場合は、たとえば一年ごとにランクが異なるといったイメージが抱かれているようである。

(14) いわゆる「三鷹ストーカー事件」に関し、東京高裁は、裁判員が加わった第一審判決を破棄した（東京高判平27・2・6高等裁判所刑事裁判速報集平成27年66頁）。第一審判決は、殺人罪の量刑において、被告人が殺害前後に被害者の生前の裸の画像等をインターネット上の画像投稿サイトに投稿するなどしたという名誉毀損行為（リベンジポルノ）を理由に刑を相当に重くしたからである。名誉毀損を処罰したいのであれば、それを別途、処罰対象として起訴しなければならず、殺人罪の量刑において、名誉毀損行為まであわせて処罰することは許されない。殺人罪の量刑の際に、これほど明白な犯人の非行を考慮することにも、これだけの制約があるのである。

(15) 同様の問題は、自白との関係でも生じる。被告人が反省・悔悟し、さらにはそれに基づいて自白しているという事情があれば、それが量刑上かなり大きく考慮されて刑が軽くなるであろう。これも、反省しない被告人を重く処罰するとか、自白しない犯人を重く処罰するということではない（一方で黙秘権を与えておいて、他方で黙秘すると刑を重くするというのは許されないことであろう）。そうではなくて、反省・悔悟に基づいて自白した人の刑を（片面的に）軽くしているのにすぎない。

(16) 以上のことと関連して、死刑の存廃と被害者支援との関わりも重要な論点である。死刑を廃止するためには、被害者支援を充実させ、コミュニティが被害者遺族を支えて、被害者感情が死刑存置に向かわないようにすることが前提となるとする主張もある。高橋則夫「死刑存廃論における一つの視点」井田良＝太田達也編『いま死刑制度を考える』（慶應義塾大学出版会、２０１４年）35頁以下、39頁を参照。現行の刑事司法制度においては、被害者遺族の感情がもっぱら犯人への報復に向かわざるをえないという認識に立脚し、そこから脱却するためには、被害者支援と諸関係の修復を組み込んだ、刑事司法制度全体の再構築が要請されるとするのである。そこには、深い洞察が示されているといえよう。

(17) 特に、椎橋隆幸「日本の死刑制度について考える」井田＝太田編『いま死刑制度を考える』（前掲注（16）52頁以下を参照。

(18) 以上の点について、井田良「平成時代の刑法学説」刑ジャ61号（２０１９年）16頁以下を参照。

(19) この点に関しては、団藤重光『死刑廃止論〔第６版〕』（有斐閣、２０００年）、そして、デイビッド・T・ジョンソン

『アメリカ人のみた日本の死刑』(前掲注(1))がそれぞれ異なった視点から論じるところが特に重要だと思う。なお、「取り返しが付かない」という点で、死刑とそれ以外の刑種との間にはやはり本質的な相違があるというべきであろう(この点について、最近の著書である伊藤滋夫『要件事実論の総合的展開――その汎用性を説き論証責任論に及ぶ』〔日本評論社、2022年〕245頁以下も参照)。裁判官もまた、量刑にあたり、生命刑と自由刑とが連続的なスケールをなすものとしては意識していないと思われる。

(20) それは、「法務省刑事局において検事が割り当てられた死刑確定事件について、未提出記録を含めて全記録を検討し、確定判決に事実誤認がないか、再審事由はないか、恩赦事由はないかなどを検討し、その結果を報告書として作成・提出する手続」(原田國男「わが国の死刑適用基準について」井田＝太田編『いま死刑制度を考える』〔前掲注(16)〕83頁注(1))のことである。これについては、青木理『絞首刑』(講談社、2012年)241頁以下、読売新聞社会部『死刑――究極の罰の真実』(中央公論新社、2013年)67頁以下も参照。

(21) これらの点について、太田達也「被害者支援と死刑」井田＝太田編『いま死刑制度を考える』(前掲注(16))172頁以下を参照。死刑執行に至るまでの実際については、読売新聞社会部『死刑』(前掲注(20))19頁以下を参照。

(22) このほか、死刑に関して特別の手続的要件を付加することも真剣な考慮に値する。この点につき、たとえば、後藤貞人「裁判員裁判における死刑事件の弁護」福井厚編著『死刑と向きあう裁判員のために』(現代人文社、2011年)109頁以下、笹倉香奈「死刑事件の手続」法セミ732号(2015年)46頁以下、四宮啓「日本における死刑量刑手続について――その公正性・倫理性そして憲法適合性――」『曽根威彦先生・田口守一先生古稀祝賀論文集・下巻』(成文堂、2014年)771頁以下、田鎖麻衣子「死刑事件における適正手続」刑弁83号(2015年)120頁以下、ディビッド・T・ジョンソン『アメリカ人のみた日本の死刑』(前掲注(1))25頁以下、本庄武「死刑選択における全員一致制の意義」『浅田和茂先生古稀祝賀論文集・下巻』(成文堂、2016年)567頁以下、丸山雅夫「少年犯罪と死刑」『長井圓先生古稀記念・刑事法学の未来』(信山社、2017年)713頁以下などを参照。

(23) このような理由からも、最決平27・2・3刑集69巻1号1頁、同69巻1号99頁は、これを支持することができよう。ちなみに、精神障害が認められる行為者に対する死刑の適用をめぐる問題については、川本哲郞「精神障害と死刑」産大法学４０巻３・４号（２００７年）１４頁以下を参照。

(24) 同旨、太田「被害者支援と死刑」（前掲注（21））１６３頁以下。

（いだ　まこと・中央大学大学院教授）

第3章　刑罰の正当化根拠と死刑

松原芳博

1　はじめに

死刑について考え、死刑について語るのは、気が重いことである。何より、死刑の執行およびその原因となった殺人行為に思いをめぐらせることは、精神的に負担であり、苦痛である。[1]加えて、存置論であれ廃止論であれ、死刑の是非に関する態度表明は、論者の人格（パーソナリティ）の発露のように受け取られ、それによって周囲の人々から一定のラベリングをされるおそれがある。[2]同調圧力が強まっている近時の風潮のなかで、死刑に関する意見表明に際しては周囲からの視線が気になるところである。

しかし、死刑について考えること、語ることをやめるのは、惰性で死刑の執行を続けることを意味する。[3]仮に死刑を存置するとしても、それは国民の自覚的な選択の結果としての責任ある判断に基づかなければならない。そのためには、国民一人ひとりが死刑の問題を自分の問題として直視したうえで、正しい情報をもとに、自由に思索し、意見を表明できる環境が必要となる。刑事司法に関係する専門家は、殺人事件等の発生状況、死刑の言渡しや執行の状況、死刑についての国際的な動向などの死刑をめぐる正しい情報とともに、専門的知見に基づく自身の見解を誠実に発信することが求められよう。

2　刑罰の正当化根拠

死刑は、国家によって個人に科せられる刑罰の一つである。したがって、死刑の存廃に関しては——多角的な検討が必要であることはいうまでもないが——刑罰の正当化根拠(4)からの検討が中心に置かれるべきであろう(5)。

刑罰とは、違法行為を理由として国家によって個人に科せられる意図的な害悪である。このような国家による意図的な害悪の賦課が何ゆえ許されるのか。これが刑罰の正当化根拠の問題である。この問題は、哲学、法哲学、刑法学における長年のテーマである。いまなお一つの正解に達しているわけではない。しかし、刑罰の正当化根拠として承認されうる視点が応報、一般予防、特別予防であることにはコンセンサスが形成されている。

刑罰を過去に犯された犯罪に対する反作用として正当化するのが応報刑論である。刑法学にいう応報は、被害者の報復感情を満足させるための復讐ではなく、行為者の責任に対する非難として公的に加えられる反作用である。また、現在主張されている応報刑論は、刑罰を犯罪に対する純粋な反作用とみる絶対的応報刑論ではなく、犯罪に対する反作用によって犯罪の予防を図ろうとする相対的応報刑論である。

一般予防論とは、人々が犯罪に出ることを防止することに刑罰の正当化根拠を見出す立場である。このうち、刑罰という苦痛の予告・賦課による威嚇・抑止を手段とするものを消極的一般予防論といい、規範意識の維持・覚醒や法秩序に対する信頼の維持・強化を手段とするものを積極的一般予防論という。

特別予防論とは、犯人自身の再犯を防止することに刑罰の正当化根拠を見出す立場である。再犯防止の方法には、犯人の社会からの隔離ないし排除も考えられるが、一般に刑法学で特別予防論と呼ばれているのは犯人に対する教育・改善措置により再犯の防止を図る教育・改善刑論である。

私見によれば、刑罰は国家の役割からみた正当化と個人の負担の正当化という二重の正当化を要する。国家は国民の利益に奉仕する機構であるから、国家権力の行使としての刑罰は、一般予防・特別予防を通じた国民の法益の保護によって正当化される（功利的正当化）。この功利的正当化の側面においては、刑罰によって得られる利益が刑罰によって失われる利益を上回ること、刑罰が当該利益を実現するために必要最小限度の犠牲といえることを必要とする。一方、個人は社会全体の利益の総和に還元されえない固有の権利・利益を享有している。それゆえ、刑罰を特定の個人に科すためには、当該個人に刑罰という特別の負担を受忍させることを正当化する根拠が必要となる。このような個人の刑罰受忍義務の根拠は、自らの責任で犯罪を犯したことに求められる。[6] 犯人は、自らの責任で刑罰予告の予防効果を減殺させたのであるから、その責任の範囲内で刑罰予告の効果の回復に必要な負担を自ら負うべきと考えられるのである（義務論的正当化[7]）。相対的応報刑論をこのような意味で理解することも可能であろう。

以下では、２０１９年に内閣府が実施した世論調査（以下、「政府の世論調査」）で「死刑もやむを得ない」と答えた者（以下、「死刑容認派」）が選んだ理由（複数回答。上位２項目）を参照しつつ、刑罰の正当化根拠と死刑の関係を検討することにしたい。

３　特別予防と死刑

政府の世論調査によれば、死刑容認派のうち47・４％の者が「凶悪な犯罪を犯す人は生かしておくと、また同じような犯罪を犯す危険がある」という理由をあげている。これは、特別予防の見地から死刑を正当化する意見といえる。

もっとも、死刑は、被告人の改善・更生の可能性を奪うものであって、教育・改善刑論とは正面から衝突する。

実際、教育・改善刑論の立場からは、かねてより死刑廃止論が積極的に主張されてきた[8]。それゆえ、前記の理由は隔離・排除による特別予防を主張するものといえる。

しかし、犯人の社会からの隔離・排除は、仮釈放のない無期拘禁刑（終身刑）を導入することによっても達成しうる[9]。同一の目的を達成するために、より犠牲の少ない手段があるなら、そちらを選ばなければならないのは当然である。これに対して、極悪犯人を国民の税金を使って生かしておくのは不当であるとの声も聞かれる。しかし、死刑にも多大な（もしかすると終身刑以上の）経済的コストがかかることを別としても、施設収容にかかる経済的負担を理由に犯罪者とはいえひとりの人間の生命を絶つことなど文化国家において許されることではない。また、前記の理由は、犯人の改善・更生が不可能であることを前提としているが、凶悪犯人が改悛した例はいくつも報告されているところである[10]。

4　一般予防と死刑

政府の世論調査によれば、死刑容認派のうち46・3％の者が「死刑を廃止すれば、凶悪な犯罪が増える」という理由をあげている。これは、一般予防の見地から死刑を正当化する意見といえる。

しかし、死刑廃止国の廃止前後の犯罪動向から死刑の廃止は犯罪の増加につながらないとする研究や、アメリカにおける社会状況の類似した死刑存置州と廃止州とを比較して犯罪の発生率に差はないといった研究が知られており、死刑に、長期拘禁刑を超える特別の予防効果があるかについては否定的な見解が支配的となっている[11][12]。

消極的一般予防に関していえば、激情に駆られた殺人、怨恨による殺人などでは死刑があることを意識して思いとどまることは考え難い。計画的な殺人は、発覚しないことを前提としている。政治的・宗教的確信犯人は、自らの死も厭わないであろう。死刑の適用が極めて限られていることからも、死刑に消極的一般予防の効果は期待できない。他方で、自殺願望のある犯人、死刑になることで自己顕示欲を満足させようとする犯人にとっては、死刑は殺人を誘発するものともなりうる。[13]

積極的一般予防についていえば、殺人に対する忌避の心情は人々の心に深く根づいているものであって、死刑の廃止によってこれが揺らぐとは考え難い。むしろ、死刑の執行は人々の心理に衝撃を与える（それゆえ非公開とされるのであろう）ことから、死刑を廃止した方が国民の生命尊重意識の維持・向上に資するとも考えられる。[14] また、世界で最も治安が良く国民の遵法精神も高いと思われる日本においては、死刑の廃止が国民の一般的な規範意識を低下させるとも考え難い。なお、積極的一般予防は法秩序に対する国民の信頼の維持を通じた社会の安定化という意味に理解されることもあるが、７でみるように、死刑に対する国民の意識が「現状では死刑もやむをえない」という「消極的容認」にとどまるとすれば、死刑を廃止しても法秩序に対する信頼が揺らぐおそれはないように思われる。

ところで、最高裁は、死刑の合憲性を認めるにあたって、「生命は尊貴である。一人の生命は、全地球よりも重い。死刑は、まさにあらゆる刑罰のうちで最も冷厳な刑罰であり、またまことにやむを得ざるに出ずる窮極の刑罰である。それは言うまでもなく、尊厳な人間存在の根元である生命そのものを永遠に奪い去るものだからである。」と述べたうえで、次のように判示している（最大判昭23・3・12刑集2巻3号191頁）。

「まず、憲法第十三条においては、すべて国民は個人として尊重せられ、生命に対する国民の権利については、立法その他の国政の上で最大の尊重を必要とする旨を規定している。しかし、同時に同条においては、公共の福祉という基本的原則に反する場合には、生命に対する国民の権利といえども立法上制限乃至剥奪されることを当然予想しているものといわねばならぬ。そしてさらに、憲法第三十一条によれば、国民個人の生命の尊貴といえども、法律の定める適理の手続によつて、これを奪う刑罰を科せられることが、明かに定められている。すなわち憲法は現代多数の文化国家におけると同様に、刑罰として死刑の存置を想定し、これを是認したものと解すべきである。言葉をかえれば、死刑の威嚇力によつて一般予防をなし、死刑の執行によつて特殊な社会悪の根元を絶ち、これをもつて社会を防衛せんとしたものであり、また個体に対する人道観の上に全体に対する人道観を優位せしめ、結局社会公共の福祉のために死刑制度の存続の必要性を承認したものと解せられるのである。」〔傍点筆者〕

本判決は、殺人犯人の生命にも尊貴な価値があることを認めつつ、死刑の威嚇力による一般予防および死刑の執行による犯人の排除の意味での特別予防の必要性から生命の剥奪を正当化するものといえる。しかし、一般予防および特別予防の見地からの正当化の論拠が崩れるなら、本判決も前提を失うことになる。また、本判決が、「多数の文化国家」が死刑を存置しているという、現在とは異なる前提で書かれていることにも注意すべきであろう。

5　応報と死刑

政府の世論調査によれば、死刑容認派のうち53・6％の者が「凶悪な犯罪は命をもって償うべきだ」という理由をあげている。これは、応報の見地から死刑を正当化する意見といえる。命を奪った者は命をもって償うべきというのは、自然な感覚かもしれない。

しかし、今日、「目には目を、歯には歯を」といった同害応報の考え方はとりえない。10万円の窃盗に対して10万円の罰金、5日間の監禁に対して5日間の拘禁刑が相当であるとは思えない。暴行行為や傷害行為に対して身体刑を科すことは、残虐な刑罰として憲法上許されない。過失致死に対して死刑を科すのは、罪刑の均衡を失するであろう。こうして同害応報の思想が否定されるとすれば、――犯罪の重さをいかなる尺度で評価し、いかなる基準で刑罰の量に変換するのかという問題は残るものの——少なくとも殺人と死刑との結びつきに必然性は存在しないことになる。

死刑廃止論に対しては、しばしば、「被害者の生命を加害者の生命よりも軽く見ている」との批判が寄せられる。しかし、この批判によれば、現在においても、死刑を科されない大多数の殺人事件では、被害者の生命を加害者の生命よりも軽く見ていることになってしまう。被害者の生命と加害者の生命とを天秤にかけることは、被害者にとっても本意ではないであろう。廃止論に対する前記の批判は、同害応報を前提とするか、さもなければ、被害者の生命と加害者の生命とを対立状況にあると見るものといえる。たしかに、正当防衛の場面であれば、不正な侵害者の生命と被侵害者の生命とは対立関係にある。この場合に、侵害者の生命よりも被侵害者の生命が尊重されるべきことはいうまでもない。これに対して、刑罰は犯罪が終わった後の場面で問題となる。加害者を死刑にしなければ被害者の命が失われるわけではないし、加害者を死刑にすれば被害者が生き返るわけでもない。[15] 前記の批判は、行為ではなく人に焦点を当てることで、犯罪と刑罰との間の「時差」にあえて目をつぶろうとするものである。

いずれにせよ、相対的応報刑論からは、応報の観点は死刑の正当化にとって必要条件であっても十分条件ではない。最高裁も、いわゆる永山事件判決において、「その罪責が誠に重大であって、罪刑の均衡の見地からも一般予防の見地からも極刑がやむをえないと認められる場合には、死刑の選択も許される」〔傍点筆者〕と判示しており（最判昭58・7・8刑集37巻6号609頁＝永山事件判決）、死刑には応報的正当化（≠義務論的正当化）と功利的正当化の双方を要求する立場であるといえよう。[16] しかし、一般予防・特別予防の観点からの死刑の正当化が困難であることは前述のとおりである。

6 遺族感情と死刑

政府の世論調査によれば、死刑容認派のうち最多の56・6％の者が「死刑を廃止すれば、被害を受けた人やその家族の気持ちがおさまらない」という理由をあげている。２０１７年8月、全国犯罪被害者の会が被害者遺族の立場から日本弁護士連合会の死刑廃止宣言に強く抗議し公開質問状を出すなど、被害者遺族の感情を理由とする死刑存置の主張は[17]、近年ますます強まっている[18]。国民世論における死刑存置の決定的な理由が遺族感情にあることは、マスメディアでの死刑の取り上げ方を見ても明らかであろう。

このような遺族感情の充足は、犯罪に対する反作用の要求という限りで広義の応報概念に含まれうるが、刑罰の正当化根拠の一つとして承認された応報とは異なるものである。

殺人の被害者に家族がいない場合もある。家族全員が殺された場合も、遺族は存在しない。被害者が家族全員から疎まれていた場合もあろう。親子間や夫婦間の殺人[19]では、加害者が同時に被害者遺族でもある。これらの場合にも、殺人犯人の処罰が必要であることはいうまでもない。このことは、遺族感情の充足が刑罰の主要な目的となりえないことを示している。また、遺族が強く厳罰を求めている場合と前記の各場合とで、刑の重さに大きな違い（特に死刑と無期刑の違い）が生ずるとすれば、それは被告人にとって納得し難いことであるのみならず、命の価値に差をつけるものであって、人命の尊貴さを損なうのではないだろうか。

一方、被害者遺族の悲しみがどれほど深く、被害者遺族がどれほど強く加害者の厳罰を望もうとも、加害者が責任無能力の場合には処罰できないし、過失の場合には軽い刑しか科すことができない。故意の殺人でも、死刑判決が下されるのは1～2％である。死刑の正当化根拠が遺族感情の満足にあると考えるならば、死刑の存在は、それを望んでも叶わなかった多くの被害者遺族を落胆させ、傷つけることになる。

他方で、被害者遺族にもいろいろな考えの人がいる。[20] 死刑を望まない被害者遺族にとって、「遺族のため」という名目で被告人が死刑に処せられるのは耐え難いことであろう。[21] 被告人の死刑を望む被害者遺族にとっても、遺族感情を死刑の理由にされることは、国や社会が死刑に関する責任を被害者遺族に転嫁しているように感じられるかもしれない。また、遺族感情も時間の経過とともに変化しうる。当初は死刑を求めたものの、後に、加害者には生きて償ってほしいと願うようになった被害者遺族もいる。死刑が被害者遺族のためにあるとすれば、このような被害者遺族は死刑の執行に際して自責の念に駆られないだろうか。死刑は、犯人側の変化だけでなく、被害者遺族側の変化にも対応できない。

被害者遺族が死刑を望んでいる場合を含めて、死刑によって被害者遺族に満足がもたらされるかは疑わしい。[22] 死刑によって満足しているのは、むしろ、事件とは無関係な一般の人々ではないだろうか。しかし、死刑に満足することで、被害者遺族に対する人々の関心は薄れていくように思われる。[23] 加害者の処罰では被害者遺族は救われないという認識こそ、被害者遺族の救済のための出発点ではないだろうか。

７　国民の意識と死刑

国民の意識は、二つの観点において死刑存廃問題と関係する。第一は、刑事司法（ひいては法秩序）に対する国民の信頼の前提という観点である。この観点においては、国民の意識は、刑事司法が適切に機能するための条件として考察される。ここでの機能には、法秩序に対する信頼の確保を通じた社会の安定化という意味での積極的一般予防も含まれる。第二は、死刑制度に対する主権者としての態度決定という観点である。日本の政府が国連人権理事会による死刑の廃止・停止の勧告に対して「死刑を容認する国内世論」を理由にこれを拒否するのは、死刑存置の民主的正統性を示すためであって、第二の観点から国民の意識を取り上げるものといえる。第一の観点は、死刑制度の機能・効果を問題とする点で制度内在的観点であり、刑法学的・刑事政策学的観点であるのに対して、第二の観点は、死刑制度に対する国民の意思・態度自体を問題とする点で制度外在的観点であり、憲法学的・国法学的観点である。また、第一の観点は、被統治者としての国民の意識を取り上げるものであるのに対して、第二の観点は、統治者としての国民の意識を取り上げるものといえる。以下では、これらの二つの観点を念頭に置きつつ、死刑に関する国民の意識の実態をみることにしたい。

政府の世論調査によれば、「死刑制度に関して、このような意見がありますが、あなたはどちらの意見に賛成ですか」という設問に対して、「死刑もやむを得ない」という回答を選んだ者の割合が80・8％、「死刑は廃止すべきである」という回答を選んだ者の割合が9・0％、「わからない・一概に言えない」という回答を選んだ者の割合が10・2％となっている。もっとも、以前よりは改善されたものの、[24]「死刑もやむを得ない」という選択肢と「死刑は廃止すべきである」という選択肢は不均等であり（「死刑は廃止すべきである」に対置されるべきは「死刑は存置すべきである」であろう）、心理的に前者を選びやすくなっている。少なくとも、80・8％という数字は、消極的容認を含んだ死刑容認派の割合として扱うべきであって、これを死刑肯定派ないし死刑存置派として扱うのはミスリーディングであろう。

同世論調査で、死刑容認派に、将来の死刑廃止について尋ねたところ、「将来も死刑を廃止しない」と回答した者の割合が54・4％、「状況が変われば、将来的には、死刑を廃止してもよい」と回答した者の割合が39・9％であった。そうすると、将来的にも死刑を存置する方向を支持している者の割合は、全回答者の44％になる。また、同調査で、仮釈放のない「終身刑」が新たに導入された場合の態度を尋ねたところ、「死刑を廃止する方がよい」と答えた者の割合が全回答者の35・1％（死刑容認派の30・7％）、「死刑を廃止しない方がよい」と答えた者の割合が全回答者の52・0％（死刑容認派の59・6％）となっている。それゆえ、将来的な廃止も終身刑による代替も認めない者の割合は、全回答者の40％を下回るものと推測される。[25]

また、2015年に佐藤舞らが行ったミラー調査（政府の世論調査に設問や選択肢を対応させた調査）によれば、容認派を含めた死刑存置派（全体の80％）のうち71％の者が、政府が主導権を握って死刑を廃止した場合には政治的決定として受け入れるとし、死刑制度の将来を誰が決すべきかについては回答者のうち40％の者が国民すなわち世論調査の結果により決すべきとし、40％の者が専門家と国家機関が決すべきとしている。[26] さらに、佐藤舞らが行った審議型意識調査によれば、135名の参加者のうち27名の者が調査の前後で死刑存廃に関する意見を変えたこと、意見を変えなかった者についても自分の立場に対する不確かさや躊躇を自由記述コメントに記していることが報告されている。[27] 別の意識調査では、回答者のうち92％の者が現在無期刑では仮釈放がほとんど認められていないことを知らず、85％の者が殺人事件の発生率は上昇していると誤解していたことが報告されている。[28]

以上のような国民の意識の実態を刑事司法に対する信頼の前提という観点からみるならば、世論調査にあらわれた国民の死刑存置の意思はそれほど強固なものではなく、熟議により可変的であること、事実誤認に基づく部分も多いこと、国民は政府や専門家の決定を受け入れる態度を示していることから、死刑を廃止しても刑事司法に対する信頼が損なわれるとは考え難く、法秩序に対する信頼の維持という意味での積極的一般予防の観点から死刑が必要であるという主張は支持しえないように思われる。死刑廃止国のほとんどは、現在の日本と同じく国民の多数が死刑の存置を容認している状況下において政府主導で死刑を廃止した。しかし、それによって法秩序に対する信頼が低下したという報告は聞かれない。日本でも、1990年から1993年にかけての3年4カ月の期間、死刑は執行されなかった。しかし、これに対する国民の不満の声はあまり聞かれなかった。むしろ、メディアの論調は、執行を再開した後藤田正晴法務大臣に批判的であったように記憶している。

次に、以上のような国民の意識の実態を主権者としての態度決定という観点からみるならば、世論調査にあらわれた国民の死刑存置の意思は、前提事実に関して重大な誤認があること、熟慮を経たものではなく感覚ないし感情の域を出ないこと[29]、死刑制度に関する決定権者の自覚のもとになされたものではないことから、これを主権者の意思とみて、国内外に対して死刑存置の理由として援用することには問題があるように思われる[30]。政府も国民も、死刑存置の責任を相互に転嫁しあっているのではないだろうか。

これとは別に、国民の消極的容認によって尊貴な人命の剥奪を認めてよいかという問題も真剣に考えるべきであろう。仮に死刑存廃問題が民意による決定事項に含まれるとしても[31]、ひとりの人間の生命の剥奪を内容とする死刑を存置するためには、死刑を正当化する積極的かつ合理的な理由とともに、死刑の存置に対する国民の積極的かつ自覚的な支持が必要であると考えるべきではないだろうか。

8　余論――誤判、死刑の適用基準

政府の世論調査によれば、死刑廃止派のうち最多の50・7％の者が「裁判に誤りがあったとき、死刑にしてしまうと取り返しがつかない」という理由をあげている。この理由は、存置論のあげる遺族感情と同じぐらい、人々の心に訴えかける力をもっている。また、この理由は、殺人犯に肩入れするような印象を与えないことから、人々の正義感を損なうことがなく、被害者遺族らからの反発を招くおそれもない。メディアでの廃止論のほとんどがこの理由によるのは、そのためであろう。

しかし、つとに指摘されているとおり、誤判が許されないのは他の刑罰も同じである。誤判により拘禁刑に処せられた場合、奪われた時間は取り戻せない[32]。誤判の場合の回復不可能性という理由を死刑廃止論の中心に据えることには問題がありそうである[33]。もっとも、この理由が人々の心に強く訴えかけるのは、死刑と他の刑罰との間に決定的な断絶があるからにほかならない。死刑は、被告人の存在自体を滅却する。それゆえ、誤判の場合の回復不可能性は、他の刑罰の場合と質的に異なるものとなるのである。

同様の問題意識を喚起するのは、死刑の適用基準の問題である。量刑は、犯情に一般情状を加味した総合的判断であって、裁判所の裁量に委ねられている。したがって、同一の事実であっても係属する裁判体によって刑期が異なりうることは当然に予定されている。死刑の適用も、原理的にはこれと異なるところはない。しかし、同一の事実について裁判体によって死刑になったり無期刑になったりすることに、われわれは抵抗を感じる。他の裁判体なら無期刑になったのに、この裁判体に係属したばかりに死刑になったとすれば、被告人はこの結果に納得できるであろうか。裁判官や裁判員も、ひとりの人間の生死を決する裁量を行使することにどこまで耐えられるのであろうか。誤判の問題および死刑の適用基準の問題は、ひとりの人間の命を奪うことを内容とする死刑という刑罰の特異性を際立たせるものといえる。

誤判の場合の回復不可能性という論拠に対しては、現行犯で逮捕された者などのように誤判のおそれがない場合には死刑を否定する理由にならないとの指摘[34]もある。しかし、犯人性は明白な事案であっても、責任能力に関する認定の過りは起こりうる[35]。また、死刑と無期刑との間の決定的な断絶にかんがみれば、共犯者間で被告人の果たした役割、特に被告人が首謀者であったかどうか、被害者からの挑発の有無、犯行の計画性の有無といった死刑と無期刑を分けることになる量刑事情に関する認定の誤りも「誤判」というべきである。これらを含めるなら、誤判の可能性はかなり広汎に存在しうるものといえよう。

（1）もちろん、殺人についても死刑についても真にリアリティをもった想像に達するのは困難であるが、特に死刑の執行については、死刑執行に関する秘密主義や殺人犯人に感情移入することへの忌避もあって、われわれの想像が及びにくい。

（2）死刑の存廃は公的な問題であるから、これに関する各人の態度決定を個人のパーソナリティと結びつけることには慎重であるべきであろう。しかし、各人の望む自己イメージが、その人の死刑に対する態度決定に影響を及ぼしている可能性も否定できない。

（3）伊東研祐「日本の死刑論／死刑存廃論争の現状と再定位」法時87巻2号（2015年）54頁参照。

（4）「刑罰の正当化根拠」の問題は、「刑罰の意義」「刑罰の目的」「刑罰の存在理由」というタイトルのもとで論じられることもある。しかし、「刑罰の意義」は、刑罰の定義を連想させることから、問題を矮小化させるおそれがある。「刑罰の目的」では、応報の視点をあらかじめ排除しているかのような印象を与える。「刑罰の存在理由」では、刑罰が現実に営んでいる機能の社会学的・歴史学的分析に焦点が当てられ、刑罰の正当性という視点が後退するおそれがある。

（5）刑罰論との関係に重点を置いた死刑に関する近年の論稿として、髙山佳奈子「刑罰論からみた死刑」福井厚編『死刑と向きあう裁判員のために』（現代人文社、2011年）1頁以下、曲田統「死刑制度は保持されうるか」法学新報118巻7＝8号（2011年）1頁以下、井田良「刑法理論から見た死刑存廃論」『西田典之先生献呈論文集』（有斐閣、2017年）199頁以下、長井圓「生命の法的保護の矛盾撞着（1）（2・完）——死刑の正当化事由をめぐって——」中央ロー・ジャーナル14巻4号（2018年）53頁以下、15巻1号（2018年）73頁以下、本庄武「死刑」法教453号（2018年）105頁以下など。

（6）Vgl. H.Fristar, Schuldprinzip (1988), S.39ff.

（7）刑罰の正当化根拠に関する私見の詳細につき、松原芳博「刑罰の正当化根拠としての応報——刑法学の視点から——」日本法哲学会編『法哲学年報2015』（有斐閣、2016年）72頁以下、同「刑法と哲学——刑罰の正当化根拠をめぐって——」法と哲学1号（2015年）62頁以下参照。

（8）木村亀二『死刑論』（弘文堂、1949年）55頁以下、正木亮「死刑存廃論への一考察」ひろば9巻5号（1955年）

４頁以下、八木國之『新派刑法学の現代的展開〔増補〕』（酒井書店、１９９１年）１９０頁以下など。
(9) さらに、現行法の無期拘禁刑の運用において仮釈放の判断を慎重に行えば、犯人の再犯防止という目的は達成できる、と指摘するものとして、本庄・前掲注（５）論文１０８頁。
(10) 加賀乙彦『ある死刑囚との対話』（弘文堂、１９９０年）２１２頁以下、団藤重光『死刑廃止論〔第６版〕』（有斐閣、２０００年）３２４頁以下など参照。もっとも、死刑囚に関していえば、死刑判決を受けたことが改悛の契機となった可能性も否定できない。しかし、死刑判決がなくとも改悛した可能性もまた否定できない。
(11) 団藤・前掲注（９）書２０５頁以下および同所に注記された文献など参照。アムネスティ・インターナショナル「死刑と殺人発生率の関係に関する研究」（２００２年）によれば、死刑が終身刑よりも大きな抑止力をもつことを科学的に裏付ける研究はないとされる。
(12) なお、小林憲太郎『刑法総論の理論と実務』（判例時報社、２０１８年）23頁は、仮に死刑に特別の抑止力があるとしても、死刑による犯罪の抑止には個人の手段化という問題があると指摘する。
(13) 髙山・前掲注（５）論文12頁は、その例として２００１年の大阪教育大学附属池田小学校事件をあげる。
(14) 金澤文雄「死刑廃止への提言」ホセヨンパルト＝三島淑臣編『法の理論12』（成文堂、１９９２年）５頁は、「一般予防を市民に対する威嚇（威嚇説）としてではなく、法秩序への尊敬（遵法精神）を強化する機能と考える最近のいわゆる積極的一般予防説をとるならば、死刑のような残酷な刑罰は、教育的効果がないばかりか、人心をすさませる逆効果となるばかりである」とする。このほか、積極的一般予防論からの死刑廃止論として、増田豊『規範論による責任刑法の再構築』（勁草書房、２００９年）６３５頁以下参照。
(15) 正当防衛と死刑の違いにつき、生田勝義「死刑と生命権についての一考察」立命館法学３６０号（２０１５年）16頁以下参照。
(16) 本庄・前掲注（５）論文１０７頁は、本判決においては、罪刑均衡と一般予防の必要性とが乖離することは予定されていないことから、罪刑均衡原則は、処罰の限定原理であるにとどまらず、処罰の構成原理になっているとする。たしかに、具体的な量刑判断においては罪刑均衡と一般予防の必要性とは重なり合っているようにみえるが、刑罰の正当化の根拠の次元では罪刑均衡と一般予防の必要性とが重畳的に要求されていると理解されるべきであろう。

(17) 元検察官の立場から遺族感情の点に重点を置いた死刑存置論を展開したものとして、「特集・死刑制度を考える【上】」判時2264号（2015年）11頁以下の本江威憙氏の講演。

(18) 光市母子殺害事件に関する最高裁判決（最判平18・6・20判時1941号38頁）が、永山判決の基準を逆転させて原則死刑の方向を打ち出したのは、被害者遺族の感情を重視したことによると推測するものとして、高橋則夫「死刑存廃論における一つの視点」井田良＝太田達也編『いま死刑制度を考える』（慶應義塾大学出版会、2014年）34頁。

(19) 殺人事件の過半数が家族間で起きていることにつき、河合幹雄『日本の殺人』（筑摩書房、2009年）19頁参照。

(20) 世間のステレオタイプ的な被害者遺族像に対して、殺人によって弟を失った原田正治は「鋳型にはまった被害者遺族像を演じなければならないことは苦痛以外のなにものでもありません」と述べている（原田正治『弟を殺した彼と、僕。』（ポプラ社、2004年）256―7頁）。

(21) 原田・前掲注(20)書161―2頁は、被害者遺族の立場から、「『被害者が望むから』といわれると、『お前は、刑務官が首に縄をかけて人を殺すことを望む人間なのだ』と言われている気がして、打ち消したくなります。自分のことを、他人が殺されることを望んでいる人間だと考えることは耐えられることではありません。」と述べている。

(22) 原田・前掲注(20)書233頁は、「死刑の執行は『加害者を殺してやったから、被害者は満足しなさい』と国から言われているように僕は感じます。しかし、それでは満足できないということを、大臣に伝えたかったのです。」と述べている。

(23) 原田・前掲注(20)書245頁は、被害者遺族の立場から以下のように述べている。「『被害者遺族のことを考えて死刑はあるべきだ』と思っている人が多くいると聞いていますが、長谷川君の執行が大きく報道され、通夜、告別式が行なわれたとき、誰かひとりでも僕に、『死刑になってよかったですね』と声を掛けてくれたでしょうか。所詮、国民の大多数の死刑賛成は、他人事だから言える『賛成』なのです。第三者だから、何の痛みもなく、『被害者の気持ちを考えて』などと呑気に言えるのだと思いました。」「加害者が死刑で殺されても、僕も母も僕の家族も、決して弟が生きていたあの頃には戻れないのです。そのことへの労いは誰からもなく、『死刑になってこれで一件落着』だと思われたとしたら、僕は本当に浮かばれません。」

(24)　１９９４年から２００９年に行われた４回の世論調査では、現在と同じ設問に対して、「どんな場合でも死刑は廃止すべきである」「場合によっては死刑もやむを得ない」「わからない・一概に言えない」という回答が用意されていた。遡って、１９５６年から１９８９年に行われた5回の世論調査では、「今の日本で、どんな場合でも死刑を廃止しようという意見にあなたは賛成ですか、反対ですか。」という設問に対して、「賛成」「反対」「わからない」という回答が用意されていた。

(25)　前回（２０１４年）の政府の世論調査のデータからは、将来的な廃止も終身刑による代替も認めない者の割合は34％であると算定されている（佐藤舞「死刑という神話」世界８７９号（２０１６年）１８４頁参照）。

(26)　佐藤・前掲注（25）論文１８７頁参照。

(27)　佐藤・前掲注（25）論文１８８頁以下参照。

(28)　佐藤舞「日本の世論は死刑を支持しているのか」法時87巻2号（２０１５年）69頁参照。

(29)　立法過程における国民の「意思」と「感情」の区別の必要性につき、松原芳博「立法化の時代における刑法学」井田良＝松原芳博編『立法実践の変革・立法学のフロンティア３』（ナカニシヤ出版、２０１４年）１３３―４頁以下参照。

(30)　死刑の存廃を含めた刑事法の問題については、国民一般に直接かつ切実な利害関係がないこと、国民一般に正しい情報が共有されていないこと、国民一般の感情と意思とが混同されやすいこと、犯罪者ないし被告人と国民一般との間で立場の交換可能性が欠如していること、マスメディアを含めた世論形成過程において言論の自由市場が保たれにくいことなどから、世論ないし民意の取り扱い方には特に注意が必要である（松原・前掲注（29）論文１３２頁以下参照）。

(31)　そもそも憲法の保障する生命権の剥奪が民意による決定事項に属するのか、また、普遍的価値を有する生命の剥奪について一つの国の価値基準を国際社会の価値基準よりも優先させるべきであるのか、といった問題も検討されるべきであろう。

(32) 植松正『全訂刑法概論I総論』(勁草書房、1966年) 345頁など参照。

(33) わが国の死刑廃止論のバイブルともいうべき団藤・前掲注(10)書は、誤判の場合の回復不可能性を強調しているものの、死刑廃止の中心的論拠は人間の尊厳(そこから派生する手段化禁止原則や主体性の理論)に求めているものと解される(153頁以下、160―1頁、315頁以下など参照)。同書が、手段化禁止原則からカントと正反対の帰結を導いている(316頁)ことは興味深い。

(34) 植松・前掲注(32)書345頁以下など参照。

(35) 福井厚「誤判と死刑」福井厚編『死刑と向きあう裁判員のために』(現代人文社、2011年) 130頁参照。

【付記】 本章初出論文公表後に、井田良『死刑制度と刑罰理論』(岩波書店、2022年) に接した。

(まつばら　よしひろ・早稲田大学教授)

第４章　死刑執行と自由権規約6条4項の保障

福　島　　至

1　はじめに

私は、基本的に死刑廃止論の立場をとる。その理由はいくつかあるが、主に生命権の保障から、廃止すべきであると考えている。

生命権の保障は絶対的なものであって、国家はいつでもその保障義務を果たさなければならない。たとえどんなに凶悪な犯罪を行った者であっても、国家は意図的にその生命を奪ってはならないと考える。生命権は、それ以外の人権保障が存立するところの基盤そのものの保障であり、絶対性を有するものだからと考える(1)。

この私見にどの程度賛同が得られるか不明であるが、死刑制度が生命権保障に関係を有するとの認識については共有できるであろう。自由権規約（市民的及び政治的権利に関する国際規約）６条にはその旨の明文の規定がある。関連して、憲法13条は生命権の保障をしていると考えられる。そこで本稿では、生命権保障の重要性を基底において、誤判やえん罪の可能性と死刑執行の論点を中心に、検討を加えることにしたい。

日本の最近の死刑執行においては、執行された人が再審を請求中であったり、恩赦（本稿において死刑囚の恩赦を指す場合は、もっぱら特赦および減刑を指す）を出願中であった事例が少なくない。執行に際しては、再審請求中や恩赦出願中であることを、ほとんど考慮していないかのようにさえ見える。このような事態には、私は憂慮をおぼえざるを得ない。誤った死刑執行の可能性を感じるからである。そこで、再審請求や恩赦出願中の死刑執行の問題に焦点を絞って、検討することにしたのである。

検討に際しては、前述の自由権規約6条から考える。自由権規約6条1項は、「すべての人間は、生命に対する固有の権利を有する。この権利は、法律によって保護される。何人も、恣意的にその生命を奪われない。」と規定し、同条全体で生命権を保障している。同条の規定については、自由権規約委員会（以下「規約委員会」という。）において、最近新たな一般的意見が採択され、公表された。(2) 一般的意見は自由権規約の規定を解釈する際の指針を示すものであり、通報された事件の審理において示された規約委員会の解釈の集積を反映したものが主たる内容となっている。この一般的意見を適宜参照しながら、検討を進めたい。

2　生命権の保障と誤判

(1)　死刑と誤判―生命権保障の絶対性

死刑は、確定した死刑判決にもとづいて執行される。死刑判決には、誤りがあってはならない。死刑は生命を剥奪する刑罰であり、回復が絶対的に不可能である。誤った死刑判決に基づく刑の執行は、国家が行う最大の害悪のひとつである。死刑は生命を剥奪するという最も大きな不利益処分であり、その根底が誤っていることは許されない。

もちろん、誤った裁判によって刑の執行を行うことは、死刑以外の刑罰においても不正義である。しかし、生命の剥奪は、他の権利の剥奪とは意味が異なる。(3) もっとも、誤判に基づく死刑執行がある程度生じるのは、やむを得ないという主張があるかもしれない。しかし、その発生を必要悪として認めるとしても、そのような執行が違法

（悪）であることは疑いようがない。誤った裁判による死刑執行は、国家の行為として正当視されない。

人間の行う裁判である以上、裁判に誤りが生じる可能性があることは否定できない。どんなに慎重に行うとしても、神ならぬ人間の判断に絶対性はない。死刑判決においても、誤判の発生を避けることはできないと思う。誤った死刑判決が存在しうることは、絶対的に否定できないだろう。したがって、誤判に基づく死刑を絶対回避しなければならないとするならば、死刑を廃止するのが最も正しい手段だと思う。

ただ、本稿では、そのことを中心にするわけではない。その一歩手前において、論じるべきことを考えたい。すなわち、誤った死刑判決にもとづく執行は、出来る限り避けるべきであるという目標である。誰もが、誤った死刑判決にもとづく執行は望んでいまい。そうすると、誤った死刑判決ならびに誤った執行を回避すべく努力を、どう果たすべきかが大きな課題となる。誤判にもとづく死刑執行の極少化の努力である。

⑵　誤判発生の高い可能性

誤判について、少し内容に立ち入って検討する。誤判問題の中心は、有罪か無罪か、基本的な事実認定に誤りがある事例である。全くの無実の人に、死刑判決を言い渡す誤りは、最も避けるべき誤判形態である。この中には、正当防衛が成立するか否かについての誤りの事例も含まれる。無罪を言い渡すべき人に、死刑判決を言い渡してしまった場合である。

それ以外にも、たとえば、共犯事件における主犯か否かなど犯行への関与の度合いなどについて、事実を誤認してしまう場合もある。さらには、一般情状に関する事実の誤りもありうるだろうし、広く法的評価の誤りなど多様なものがありうる。本稿において、誤った死刑執行とは、前述の無罪を言い渡すべき人に対する執行の場合のみならず、量刑上死刑には値しない人に対する執行の場合も含めて、論じることにする。

誤った死刑判決には多様な形態がある上に、誤判を生じさせる原因にも種々のものがある。これまで典型的な誤判原因としては、違法な取調べと虚偽自白や、科学鑑定の過誤、証拠の不開示、警察官や検察官、裁判官の予断と偏見、弁護過誤などが、複合的にあると指摘されてきた。誤判の形態は多様であり、またその発生原因も多岐にわたる。

このようなことから考えると、顕在化していないが、死刑確定事件のなかに誤判はかなりの割合存在し、そのまま執行にまで至っているのではないかと、私は憂慮する。(4) 日本においては、免田事件や財田川事件、松山事件、島田事件の4事件において、死刑確定判決が再審で無罪になった。これら4事件以外にも、死刑えん罪事件があるのではないかと疑うのが自然である。量刑上の誤判も含めて考えると、なおさらである。死刑か無期懲役かの量刑上の判断はある意味連続しているようにも思われ、裁判官や裁判員の中での判断が微妙に分かれる事例が存在する可能性は否定できない。

そうすると、死刑判決には拭いがたい危うさが残るように思う。こうしたことも考えあわせると、誤った死刑判決をできる限り回避し、またその執行を防がなければならないという要請は、実務的にも急務である。

(3) 誤った死刑執行の極少化

死刑執行に誤りが生じないように、できる限りの方策を講じていかなければならない。そのためには、どうすれば良いか。

① 死刑確定前の誤判防止

第一に、通常審の段階で、誤った死刑判決を生じさせず、また誤った死刑判決が言い渡されたとしても、それを確定させずに修正することである。

日本国憲法31条は適正手続きの保障を定めているほか、同条以下の規定で、令状主義や黙秘権、弁護人の援助を受ける権利、証人審問権など、刑事手続き上の人権保障を定めている。また、自由権規約14条も、刑事手続き上の人権保障を規定している、このような人権保障を、死刑事件においては厳格に徹底していかなければならない。

しかし、これらの保障は刑事事件全般に対するものであり、死刑事件にだけ特別に適用される保障というわけではない。死刑事件だけを対象にして、とくに誤りが生じないように手厚い保障を要求しているわけではない。刑事訴訟法上でも、死刑事件だからといって、法律上で特別の権利保障が規定されているわけではない。強いて挙げれば、必要的弁護事件の規定（刑訴法２８９条）や上訴放棄の制限（刑訴法３６０条の２）などはあるが、一定以上の法定刑が定められている事件を対象にしているものであって、死刑事件固有の保障ではない。

これに対して、死刑事件については、通常の事件における人権保障に加えて、特別な手続き上の保障を行うべきことが主張されてきている。アメリカ合衆国において、死刑事件におけるスーパー・デュー・プロセス保障の主張は、この文脈にある。

スーパー・デュー・プロセス論とは、１９７２年のファーマン判決をはじめとした一連の死刑事件に対する連邦最高裁判決の分析に基づき、連邦最高裁が採用していると考えられている。マーガレット・レイデン教授が提唱者とされている。すなわち、連邦最高裁多数意見は、合衆国憲法第8修正の「残虐で異常な刑罰を科してはならない」の規定は、死刑判決の事案において一種のスーパー・デュー・プロセスに相当する量刑手続きを要求していると判示しているというものである。(5)

日本の死刑確定者の中には、一審だけで死刑判決が確定している事例もある。たとえば、一審死刑判決に弁護人が控訴したものの、のちに本人が控訴を取り下げる場合である。また二審の判決後に、本人が上告取り下げをする場合もある。(6) このような経緯で死刑が確定する事例は上告審まで審判を経た事例と比べて、誤りが是正される機会が相対的に少ない。そのことからすれば、誤判の可能性が高い。必要的（義務的）上訴制度の採用をすべきではないかと思われる。この点、スーパー・デュー・プロセス論からすれば、必要的上訴制度の採用は論理的な必然的帰結とされている。[7] また、死刑判決についても非死刑判決と全く区別することなく「構成裁判官および構成裁判員の双方の意見を含む合議体の員数の過半数による」との裁判員法（第67条第1項の規定）は、スーパー・デュー・プロセス論からすると明らかに憲法違反となろうと言われている。[8]

この点については、規約委員会の最新の一般的意見は、次のように述べている。

「いかなる死刑判決も、確定判決final judgmentによらない限り、執行することはできない。確定判決とは、判決を言い渡された人に対し、全ての司法上の不服申立て手続きを履行する機会が与えられた後で、かつ、ほかの全ての非司法的な手段への請願が決せられた後の判断である。それには、検察官や裁判所による監督的な再審査や、公私の特赦の求めに対する考慮を含む。さらに、執行の停止を要求する国際的な仮決定措置が効力ある限りにおいては、死刑は実行されてはならない。かかる国際的な仮決定措置とは、国際法廷や人権裁判所ならびに人権委員会、国連の人権機関のような人権監視団体などにおいて、死刑判決の再審査を行うために設けられている。かかる国際的な仮決定措置を怠ることは、関係する国際機関の業務を統制する特定の条約において確立した手続きを、誠実に尊重する義務と両立しないものである。[9]」（筆者仮訳）。

この意見からすれば、必要的上訴制度の採用は、一般的意見の意に沿うものだということになろう。実際に、規約委員会が発した日本に関する第6回定期報告総括所見も、死刑事件における義務的かつ実効的な再審査制度の創設を求めていたところである。[10]

② 死刑確定後の是正、救済

第二には、誤って死刑判決が確定したとしても、それに基づいて死刑を執行しないことである。確定した死刑判決に対する救済の仕組みである。具体的には、死刑事件に対する再審と恩赦の実効的保障である。再審は事実認定の誤りを正すことに中心がある。これに対し、恩赦は、刑の量定の誤りを正すことや、判決確定後の事情の変化などに鑑み、死刑判決の維持が適当ではないと思われるようになった時の是正に、その発揮すべき機能が期待される。

そうすると、再審制度や恩赦制度は、誤った死刑判決そのものを正すか、あるいは死刑判決の維持がもはや正しくない場合にそれを正す制度となる。問題は、現在の日本の状況において、その機能が所期の目的を達することができるようになっているかである。以下、その制度の実態を、自由権規約の生命権保障の観点から検討してみる。

3　自由権規約6条4項の保障

(1)　再審請求に対する保障

自由権規約6条は生命権の保障を定めており、同条4項は「死刑を言い渡されたいかなる者も、特赦または減刑を求める権利を有する。死刑に対する大赦、特赦又は減刑は、すべての場合に与えることができる。」と規定している。この規定の意味するところは、何であるのか。

自由権規約6条に4項の規定が挿入されたのは、人道的理由からであるとされている。[11] 死刑がまだ科されている国においては、この権利を与えることによって死刑を緩和することが不可欠であると考えられた。ここには、死刑回避の思想が表明されている。

死刑に対する「特赦又は減刑を求める権利」とは、どのような内容のものであるか。これは、基本的には、個別恩赦を求める権利のことを指す。しかし、国際的には様々な法制度があることが前提とされているので、日本法に言う特赦や減刑に限るとして、自由権規約の保障内容を狭く解釈するのは誤りである。この権利は、死刑執行を回避するために死刑確定者が行う申立て一般を包含する旨、広く解釈すべきである。というのも、同じく自由権規約6条1項3文は、「何人も、恣意的にその生命を奪われない。」と規定しているからである。事実誤認の死刑判決に基づく執行の事例であれ、現段階では宥恕すべきなのに行った執行の事例であれ、それら執行はいずれも「恣意的にその生命を奪われ」ることになる。そのような死刑執行を回避するための申立てに権利性を認めるのが、自由権規約6条4項1文の趣旨である。したがって、アメリカ法におけるヘイビアス・コーパス（人身保護令状）請求手続や、日本法における再審請求手続も、自由権規約6条4項の権利保障がカバーすることになる。

このことは、実際にも日本における恩赦の機能が果たす役割を考えれば、明らかである。法務省保護局によれば、恩赦の機能には、次の4つがあるとされている。[12] 第一は、法の画一性に基づく具体的不妥当の矯正である。これは、法の本質上画一的であることは宿命的であり、具体的には妥当しない場合が生じてくるので、それを矯正する機能である。第二は、事情の変更による裁判の事後変更である。たとえば、ある犯罪を定めた法律規定が違憲であると最高裁が判断した場合には、その罪についての刑の執行については恩赦が必要になろう。急激な社会情勢の変動とかがあったときに、刑をそのまま執行するのはかえって社会の正義感情に合致しなくなることもある。第三は、他の方法では救い得ない誤判の救済である。この機能は、本来的には再審制度によって担われる。しかし、再審では救済されない場合があり得る。再審は、だれかが請求しなければ開始されないからである。第四は、有罪の言渡しを受けた者の、事後の行状等に基づく、刑事政策的な裁判の変更若しくは資格の回復である。この機能は、改しゅんの情が顕著であるなどの本人側の主観的事情と被害者及び社会の感情とのバランスに留意し、本人の改善更生と社会復帰を更に進め、再犯を予防し、社会の安全を維持するといった刑事政策的観点から行う恩赦で、積極的に行われるべきものとされている。

以上見た通り、恩赦の第三の機能は誤判の救済であり、再審請求と同種ものととらえることに全く問題はない。したがって、死刑確定者の再審請求手続においても、自由権規約６条４項は適用されるのである。(13)

(2) 恩赦出願中、再審請求中の死刑執行禁止

それでは、自由権規約６条４項は、具体的にどのような保障を求めていると考えられているか。個人通報によって規約委員会で条約違反が争われた先例を紹介し、その上で規約委員会の一般的意見を検討する。

① チクノフ対ウズベキスタン事件決定

恩赦などの出願中に死刑執行することが自由権規約６条４項に反するかどうかが争われた個人通報事件において、規約委員会は、規約に違反するとの見解を示した。この事案は、ウズベキスタンにおいて死刑判決が確定し執行されたディミトリー・チクノフ氏の母（タマラ・チクノフ氏）から、申し立てられたものである。

確定した事実によると、ディミトリー・チクノフ氏は、１９９９年４月にタシュケント近郊で起きた殺人事件の容疑で逮捕され、２０００年１月24日に最高裁で死刑判決が確定し、同年７月10日に執行された。執行前の同年７月４日に、申立人（母）は、監督的手続きに基づいて、最高裁に不服を申し立てた。しかし、執行後の同年７月21日に、最高裁から告知がなされ、申立人の不服と事件記録を再調査した結果、以前の決定を破棄すべき理由を認めなかった旨、申立人に伝えられた。また、申立人も彼女の息子（死刑確定者）も、大統領府に２０００年１月26日ならびに2月9日、5月26日、6月30日にそれぞれ送った特赦出願につき、そのいずれの結果も、死刑執行時までには知らされていなかった。さらに、彼女の息子は、同年３月６日に最高裁に対して、特赦の求めを提出している。

規約委員会は、次の通り結論づけた。申立人の主張は、彼女の息子に対する死刑執行は、違法に行われたとする

ものである。その理由は、ウズベキスタン法のもとでは、死刑囚による特赦出願を審査する前には、いかなる死刑も執行することができないからである。本件においては、いくつかの特赦出願が大統領府になされていたが、それに対する返答は全くなされていなかった。当該締約国（ウズベキスタン）は、この申立てに対し、何の反論もしなかった。この状況においては、申立人の主張に相当の重みが与えられなければならない。

こうして、規約委員会は、提出された資料によれば、自由権規約6条4項違反は明らかであると判断した。[14]

② 一般的意見

最新の一般的意見によれば、規約6条4項については、以下の通りである。

「締約国は、6条4項によって、死刑宣告を受けた個人に対し、以下のことを許すことが求められる。特赦または減刑を求めることの保障や、大赦、特赦および減刑が適切な環境の中でその者に許されうるように保障すること、特赦または減刑の求めが適切な手続きにしたがって、実質的に審査され、終局的に決定されるまでには、刑が執行されないことを保障することである。いかなるカテゴリーの死刑判決を宣告された者も、かかる救済手段から先験的に（a priori）排除され得ないし、救済の達成条件がむだに、もしくは不必要に煩わしいものであったり、差別的性質を有したり、恣意的な方法で適用されたりしてはならない。6条4項は特赦または減刑を求める権利の行使について、特定の手続きを規定しているわけではない。したがって、締約国は関係する手続きを定めることにつき、裁量権を有する。しかし、かかる手続きは国内法規において明示されなければならないし、それらの手続きには、死刑を執行するか否かを決定するにつき被害者遺族に決定的に優越する役割を与えてはいけない。さらに、特赦または減刑の手続きは、以下の一定の必要不可欠な保障を提供しなければならない。その保障に含まれるものは、遂行されるプロセスと適用される実質的な基準に関する確実さと、死刑が言い渡された個人に対する次の権利の保障である。第一には、特赦または減刑手続きを申し立てる権利である。第二には、その者たちの個人的またはほかの関連する情況や事情について申し述べる権利である。第三には、申立てが審査される時期を事前に知らされる権利である。第四には、手続きの結果を即座に知らされる権利である。[15]」（筆者仮訳）。

③　小括

以上をまとめると、自由権規約６条４項の「特赦又は減刑を求める権利」は、締約国に対し概ね次の具体的要求をしていると規約委員会が考えていることがわかる。再審請求や恩赦出願中には死刑の執行をしてはならないこと、恩赦を申し立てる権利が保障されること、恩赦審査に関し自己の情況などを申述する権利が保障されること、恩赦審査時期を告知されることなどである。

４　再審請求、恩赦出願中と死刑執行

前に触れたが、日本においては、最近、再審請求や恩赦出願中にもかかわらず、死刑執行を行う事例が少なくない。たとえば、２０１７年12月19日の２名に対する執行は、いずれも再審請求中であったとされている。[16]また、２０１８年の７月６日と26日の２度に分けて、オウム事件関係者計13人が死刑執行されたが、10人は再審請求中で、２人は恩赦出願中であったとされている。[17]

このような執行は、規約委員会の一般的見解からすれば、明らかに自由権規約６条４項違反である。日本は、自由権規約を批准しているから、自由権規約は国内法的効力をもっている。したがって、前記執行が違法であることは明らかである。

実際に規約委員会は、２０１４年の日本政府に対する所見において、「再審あるいは恩赦の請求に執行停止効果を持たせつつ、死刑事例における義務的かつ実効的な再審査制度を創設[18]」することを勧告した。しかし、これに対

して日本政府はコメントを発し、規約委員会の勧告について、

「12. 死刑事件については、判決確定前の手続において、必ず弁護人が付され、厳格な証拠法則の下、慎重な手続により、事実認定及び死刑の選択の判断がなされている上、三審制の保障の下で裁判が確定する制度となっているところ、このような厳格かつ慎重な手続を経て確定した死刑判決については、厳正に執行するのが原則である。

13. これに対し、再審請求等の手続中は全て執行命令を発しないという取扱いをすれば、死刑確定者が再審請求等を繰り返す限り永久に死刑の執行をなし得ないことになり、刑事裁判の実現を期すことが不可能になる。

14. また、法務大臣が、死刑執行命令を発するに当たっては、個々の事案につき関係記録を十分に精査し、刑事訴訟法に定められている再審が開始されるべき事由が存在するかどうか等について慎重に検討している。

15. これらの観点から、再審請求等がなされた場合に、一律に死刑の執行を停止する制度を設けることは相当でないと考えている。[19]」とし、勧告を拒絶する態度を示した。

5 むすびにかえて

これまでの検討から明らかなように、再審請求や恩赦の出願をしている死刑確定者に対して死刑執行を行うことは、端的に違法である。日本政府のコメントは、それを認めると執行が不可能になるから相当でないと主張するが、自由権規約の規定上、そのような例外は定められていない。自由権規約6条は生命権を保障し、死刑を廃止していない締約国に対し、極めて限定的、謙抑的な死刑制度の遂行を求めているのである。

それだけではない。日本の恩赦制度はそのほかの点でも自由権規約6条4項が求める保障を充足しておらず、現行の制度は違法であると思われる。自由権規約6条4項は、恩赦を申し立てる権利を保障することを要求してい

る。しかし、日本の恩赦制度には、恩赦を申し立てる権利としての性格はほとんど認められていない。死刑確定者は恩赦の出願が可能であるが、それは恩赦法上明記されているわけでなく、省令上で規定されているにとどまる（恩赦法施行規則１条の２第２項、同規則３条２項）。法律上の権利としては規定されていないのである。しかも出願は、審理機関である中央更生保護審査会（以下、「審査会」という。）に直接に申し立てできるわけではなく、上申権者を介さなければならない。また、恩赦を出願した死刑確定者が、直接に審査会に意見を申し述べる機会は定められていない。審査会が、上申された恩赦事件について審理する期日は、出願者に告知されていない。また、恩赦を認めない決定をしたことに対しては、現行法上不服申し立てができないとされている。[20] およそ、権利として保障されているとは言えない。

死刑確定者の恩赦については、恩赦審査中の死刑執行停止効力を認めるのみならず、審査会への上申権を認めるなど、抜本的な見直しが必要である。早急に恩赦法の改正を行うべきであると考える。

（１）山内敏弘「生命権と死刑制度」『人権・主権・平和―生命権からの憲法的省察』（日本評論社、２００３年）33頁以下、生田勝義「死刑と生命権についての一考察」立命館法学３６０号（２０１５年）１頁以下など。

（２）General comment No.36（CCPR/C/GC/36）。２０１８年10月８日～11月２日の第１２４期委員会で採択された。

（３）団藤重光『死刑廃止論〔第６版〕』（有斐閣、２０００年）１６０頁。

（４）この点については、デイビッド・Ｔ・ジョンソン（笹倉香奈訳）『アメリカ人のみた日本の死刑』（岩波書店、２０１９年）92頁以下。

（５）小早川義則『デュー・プロセスと合衆国最高裁Ⅲ―弁護人依頼権、スーパー・デュー・プロセス』（成文堂、２０１３年）２８０頁。

（６）裁判員裁判で死刑が確定した人は、２０１８年９月まで18人いるが、うち控訴取下げが３名、上告取下げが１名である。『年報死刑廃止２０１８』（インパクト出版会、２０１８年）２６６頁以下の表から算定。

（７）小早川義則「スーパー・デュー・プロセスと死刑廃止論」名城ロー・スクール・レビュー29号（２０１３年）96頁。

（８）小早川義則「スーパー・デュー・プロセスについて」名城ロー・スクール・レビュー28号（２０１３年）43頁。

（９）前掲註（２）CCPR/C/GC/36, p.10のセクション46。

（10）CCPR/C/JPN/CO/6 (2014), 13 (d), p.5。

（11）福島至「社会復帰の権利と恩赦」広渡清吾ほか編『小田中聰樹先生古稀記念論文集　民主主義法学・刑事法学の展望』（日本評論社、２００５年）７０７頁以下。

（12）法務省保護局編『保護司のための恩赦の話〔改訂第2版〕』（日本更生保護協会、２０２２年）７頁。同じことは、既に昭和22年の恩赦制度審議会最終意見書において示されていた。「恩赦制度に関する恩赦制度審議会委員長よりの最終意見書及び勧告書」１９４８年６月30日１頁参照（国立公文書館デジタルアーカイブ）。恩赦制度審議会については、岡田亥之三朗『逐条恩赦法釈義〔改訂再増補版〕』（第一法規出版、１９５９年）１２２頁以下。

（13）実際にも、規約委員会の日本に関する第６回定期報告総括所見（２０１４年８月20日）において、再審請求中も恩赦出願中と同じ保障が求められており（前掲註（10）同頁）、またそれに対する日本政府のコメントもそのことを前提として行われている。https://www.mofa.go.jp/mofaj/files/000101437.pdf（２０１９年10月31日アクセス）。

（14）Chikunova v Uzbekistan, CCPR/C/89/D/1043/2002 (2007)

（15）前掲註（２）CCPR/C/GC/36, p.10のセクション47。

（16）安田好弘「二〇一七年一二月一九日の執行」前掲註（６）１４０頁。

（17）田鎖麻衣子「再審請求中の死刑執行」刑弁98号（２０１９年）65頁。なお、再審請求中の死刑執行に対しては、国家賠償請求訴訟が提起されている。永井美由紀「再審請求中の死刑執行国賠訴訟傍聴記」『年報死刑廃止２０２１』（インパクト出版会、２０２１年）１２８頁以下。

(18)　前掲註（10）同頁。日本語訳は、https://www.mofa.go.jp/mofaj/files/000054774.pdf（２０１９年10月31日アクセス）。

(19)「自由権規約委員会の総括所見（CCPR/C/JPN/CO/6）に対する日本政府コメント」（２０１５年8月）のパラグラフ13(d)に対する部分。https://www.mofa.go.jp/mofaj/gaiko/kiyaku/index.html（２０１９年10月31日アクセス）。

(20)　福島・前掲註（11）７０５頁。

（ふくしま　いたる・龍谷大学名誉教授）

第5章　エビデンスに基づく死刑制度論の模索

渡　邊　一　弘

第1　はじめに

刑罰の本質をめぐる理解には争いがあるものの、我が国においては２０２２年６月に受刑者の「改善更生」を刑罰目的に掲げる拘禁刑を創設する改正刑法が成立し、また、「刑事収容施設及び被収容者等の処遇に関する法律」や「更生保護法」においても社会復帰を図るための処遇の取り組みが強調されているように、少なくとも犯罪者処遇においては、社会復帰思想が基本理念として求められているといえる。世界的にも、矯正への懐疑論や社会復帰思想への批判も見られるものの、多くの国において犯罪者処遇においては社会復帰思想に基づく対応が実践されている。それに対し、社会復帰的観点をもたない回顧的評価のみの刑罰であり、国家自身の手により犯罪者を永久に抹殺する死刑については、他の刑種と断絶した「越えがたき谷」があると指摘されて久しく、死刑制度については、洋の東西を問わず、その正当性について議論が続けられてきている。

死刑制度の是非をめぐっては、主に、①刑罰権の本質、②死刑の抑止効果、③誤判のおそれ、④死刑の合憲性、という観点から存廃論が展開されている。[1] 刑罰権の本質をめぐる議論においては、社会契約論や刑罰論の理解をめぐり、死刑存置論および廃止論双方の立場から主張が展開されているが、この議論については、論者が拠って立つ国家観や刑罰観の相違により、初めから議論がかみ合わない空中戦に陥ってしまうきらいがある。死刑の抑止効果をめぐる議論については、残念ながら、現時点においては、死刑の抑止効果について死刑をめぐる法政策が基礎を置くに足りる科学的根拠は提供されていない状況にある。誤判のおそれをめぐっては、廃止論からは死刑の回復不可能性の問題が指摘されるとともに、実際の死刑冤罪事件の存在を重く受け止めなければならないとの主張が示されているが[2]、存置論からは誤判の問題は死刑に限ったものではないと主張されている[3]。死刑の合憲性については、我が国では死刑制度そのものおよび絞首刑という執行方法について、それぞれ最高裁により合憲との判決が示されているが[4]、裁判員制度施行以降、改めて死刑の合憲性を問う動きも見られる[5]。

死刑については、毎年の裁判確定人員のなかでも非常に限られた人数しか確定しておらず、実務においては極めて限定的な問題なのではあるが、刑事法学においては国家と市民の関係や刑罰法律関係の本質的理解が反映する極めて重要な問題である。刑罰問題としての重要性についての認識は広く共有されながらも議論が停滞状況に陥っている死刑をめぐる刑事政策論だからこそ、その刑罰目的や刑罰機能について、実証的根拠に基づき、合理的な政策決定を展開すべきであるが、死刑の運用や機能をめぐっては、特に死刑の抑止効果について、実際に法政策が依拠しうる有効な分析は達成できていない状況にある。このような状況のなか、我が国においては、国民の8割を超える死刑存置の声を基礎として、死刑制度が存置されている[6]。

しかし、世界に目を向ければ、死刑廃止の流れこそが世界の趨勢であり、法律上および実際上の死刑廃止国が年々増加してきている。死刑制度をめぐっては、「当該国家の文明度のバローメーター」とも指摘されており[7]、急速に死刑廃止の流れが進む世界の動きのなかで、死刑を存置する我が国に対し、死刑の廃止や執行停止を求める具体的な勧告や要求も向けられている。

このような死刑を存置する我が国に対する批判的な動きに対し、日本政府は、2012年に実施された国連人権理事会のUPR（普遍的定期的レビュー）第2回日本政府審査・勧告への対応のなかで、「受け入れない」との見解を示し、その理由として、「死刑制度については、国民の多数が極めて悪質、凶悪な犯罪については死刑もやむを得ないと考えており、特別に議論する場所を設けることは現在のところ考えていない。」との回答を示している。[8]その後、２０１７年1月に示したUPR第2回日本審査へのフォローアップ[9]や２０１７年9月29日に国連人権理事会で採択された「死刑問題」決議（ベルギー、スイスを始めとする欧州各国が提案し、背教、不敬、姦通、同意ある同性間性行為等に対する制裁として死刑を科すことを非難する内容を含むもの）に対する日本政府が示した反対の理由[10]のなかで、「国民世論に十分配慮しつつ、社会における正義の実現等種々の観点から慎重に検討すべき問題と考えている。」との見解を表明している。

無論、国家の法制度については、当該国家の権限において制定されるものであるが、国際社会の一員として、国際世論を全く無視した対応は合理的なものとはいえない。[11]死刑制度を存置する我が国に対して向けられている批判的な勧告等に対し、今後死刑制度を存置するにせよ廃止するにせよ、我が国の死刑政策の展望を説得的に説明するためには、まずは国民的な議論の場を設け、死刑制度と向き合う必要があろう。

では、世界観の論争に陥り、空中戦の様相を呈した膠着状態を脱し、実際的な死刑制度論を展開するには、どのように議論の場を構築すべきであろうか。死刑制度の展望について、国家観や刑罰観の衝突という議論の入り口の段階から前進しない膠着状態から脱却するためには、国家観や刑罰観を異にする者同士であっても、少なくとも議論のテーブルにつくことが出来るよう、実証的研究の成果から導き出された客観的事実を共有し、当該事実についての分析的かつ機能的な考察を通じ、議論を進めることが有効と思われる。

本稿は、死刑制度論を具体的に展開するための試みとして、死刑の適用基準、死刑の代替刑論、死刑の抑止効果研究など死刑制度の運用に関する実証的研究の現状を分析するとともに、可能な限り、実証的研究から得られた根拠をふまえ、分析的かつ機能的に死刑制度論を展開するための研究方法の可能性を模索することを目的とするもの[12]のである。

第2　死刑の適用基準についての実証的研究

1　永山判決以降裁判員制度施行以前の死刑の適用基準

我が国においては、かつては毎年千件を超え、近年でも年間千件程度の殺人事件が発生している中、数名から十名程度にのみ、死刑が言い渡されてきている。刑法上、死刑の次に重い刑とされている無期懲役については、条文上は10年経過すれば仮釈放が可能とされており、生命刑である死刑と無期懲役の間には、「越えがたき谷」が存在しているといえる。そして、我が国の刑法には明確な量刑基準の定めが規定されていないなか、限られた者に対してのみ死刑を選択する裁判所の判断には合理的な基準が存在するのか、常に高い関心が向けられている。

刑法上、明確な量刑基準に関する規定がないなか、我が国では、昭和58年7月8日の永山事件第一次上告審判決において、最高裁によりはじめて死刑の形式的な適用基準が示された。[13] 永山判決においては、「罪刑の均衡」および「一般予防」という2つの量刑基準と、考慮すべき9つの量刑事情が示され、この判決以降、列挙された要因に沿って、情状評価が行われるようになり、また、高裁で無期懲役とされたケースについて、検察官上告も行われるようになったため、死刑の適用基準がより客観化されたと評価されている。

しかし、永山判決においては、殺人事件における個別的な量刑事情が列挙されただけであり、各要素の機能や重み付けについては、明確化されてはいない。このような状況をふまえ、筆者は、これまで永山判決以降の死刑と無期懲役の適用基準について、永山判決で示された量刑因子の機能分析という観点から、多変量解析の手法を用いた数量化に取り組み、研究成果を公表してきている。[14] 本稿では、紙幅の都合上、これまでに取り組んだ裁判員制度施行前の裁判官による死刑の適用基準の総括および裁判員制度施行後の死刑の量刑傾向についての研究成果の概要を提示することとする。

まず、裁判員制度施行前の裁判官による死刑の適用基準の分析については、永山判決以降の死刑と無期懲役の確定事件で、裁判員制度施行前に裁判官のみにより下された判決のうち、「死刑求刑・死刑確定事例」１４４例、無期懲役の確定事件のうち、「死刑求刑・無期懲役確定事例」については公刊物等から入手し得た52例、「無期懲役求刑・無期懲役確定事例」については、同じく入手し得た１２６例の合計３２２例を分析対象としている。なお、特殊事情の影響を避けるため、オウム真理教関係事件、責任能力の問題だけで刑が減軽された事件は調査対象外としている。

調査においては、量刑因子は、永山判決に挙げられた各般の情状を、客観的にカテゴライズすることを中心に量刑因子を設定し、調査票を作成した。当初調査項目として設定した50項目１２０カテゴリーについて選別作業を経て、最終的には18アイテム、50カテゴリーの量刑因子を用いた識別表を作成した。

分析方法については、分析対象とした３２２例について、調査項目への該当状況をエクセルに入力し、統計ソフト「ＥＸＣＥＬ数量化理論Ver. ３」を用いて、数量化理論第Ⅱ類による解析を行った。こうした手続きにより、永山判決以降、裁判員制度が施行される以前の裁判官のみによる殺人事件についての死刑確定事件と無期懲役確定事件の分析を行った識別表①を作成した。

識別表①については、相関比が０．５４７となった。各事例について識別表①の該当する各項目のカテゴリースコアを当てはめ合成得点を算出し、識別表①の判別中点：０．０３００を基準点として実際の判決と判別結果とを見たところ、調査対象全３２２例中、合成得点：０．０３００未満の死刑判決は25例、合成得点：０．０３００を超える無期懲役判決は26例、合計51例の不適合事例が見られた。実際の判決との一致率は84．２％であり、比較的

識別表①

アイテム	カテゴリー	カテゴリースコア	全体数	死刑	無期懲役	レンジ値
			322	144	178	
A.　犯行の態様に関する因子						
1．主たる殺人の類型	普通殺人	−0.148	87	44	43	0.355
	強盗殺人	−0.008	163	70	93	(10位)
	性的加害を伴う殺人・強盗殺人	0.184	34	14	20	
	営利目的誘拐殺人・保険金目的殺人	0.207	38	16	22	
2．殺害方法	絞殺・窒息殺	0.148	127	49	78	0.250
	刺殺・撲殺・射殺・轢殺し・中毒殺・爆発殺	−0.102	162	70	92	(12位)
	複合型	−0.065	33	25	8	
3．殺害被害者数	1人	−0.821	156	24	132	2.151
	2人	0.567	117	75	42	(1位)
	3人	1.187	23	20	3	
	4人以上	1.329	26	25	1	
4．犯行の計画性（殺害行為について）	計画的	0.109	225	114	111	0.362
	非計画的	−0.253	97	30	67	(8位)
5．犯行の動機	利欲・障害排除・思想・信条	0.034	279	132	147	0.255
	情動	−0.221	43	12	31	(11位)
6．共犯関係	単独犯	0.009	183	77	106	0.585
	共犯あり・主導的地位	0.072	119	64	55	(4位)
	共犯あり・従属的地位	−0.513	20	3	17	
7．主たる加害者・被害者関係	家族・親類	−0.462	32	7	25	0.525
	友人・知人	0.064	177	80	97	(7位)
	面識なし・特記なし	0.031	113	57	56	
B. 被告人の属性に関する因子						
8．犯行時年齢	18歳以上20歳未満	−0.534	9	2	7	0.691
	20歳以上25歳未満	−0.269	43	15	28	(2位)
	25歳以上40歳未満	−0.002	128	61	67	
	40歳以上50歳未満	0.157	87	41	46	
	50歳以上	0.053	55	25	30	
9．前科・前歴	あり	0.032	144	72	72	0.057
	なし・特記なし	−0.026	178	72	106	(16位)
10．心身疾患等	あり	0.025	40	22	18	0.028
	なし・特記なし	−0.003	282	122	160	(17位)
11．執行猶予・仮釈放中・出所後間もない	該当	0.466	46	27	19	0.544
	非該当	−0.078	276	117	159	(6位)
12．成育歴・成育環境	不遇を考慮	0.046	82	40	42	0.062
	特に考慮せず	−0.016	240	104	136	(15位)
C. 犯行後の情状に関する因子						
13．自殺企図	あり	−0.237	14	4	10	0.248
	なし・特記なし	0.011	308	140	168	(13位)
14．被告人側の謝罪の弁・慰謝措置	あり	0.075	113	54	59	0.116
	なし・特記なし	−0.041	209	90	119	(14位)
15．改悛の状	認められる	−0.123	212	79	133	0.361
	認められない・特記なし	0.238	110	65	45	(9位)
D. 被害者感情に関する因子						
16．被害者遺族の感情	被害感情大・厳罰要求	0.017	301	137	164	0.652
	寛大な刑を要求	−0.620	9	2	7	(3位)
	意見表明なし・特記なし	0.032	12	5	7	
E. 社会的影響に関する因子						
17．社会的影響	社会的影響が大きい	0.142	242	130	112	0.573
	考慮すべき社会的影響はない・特記なし	−0.431	80	14	66	(5位)

相関比　0.547　　判別的中点　0.0300　　判別的中率　84.2%

高い精度が得られている。

紙幅の都合上、識別表①の分析結果のうち、ここでは上位項目のみ紹介すると、アイテムの識別力を示す「レンジ値」については、識別力が強い上位の項目として、1位：殺害被害者数、2位：犯行時年齢、3位：被害者遺族の感情、4位：共犯関係、5位：社会的影響、の順となっている[15]。

個別のカテゴリースコアについては、死刑判決を導く方向に働く因子の上位項目は、1位：殺害被害者数が4人以上、2位：殺人被害者数が3人、3位：殺害被害者数が2人、4位：執行猶予・仮釈放中・出所後間もないに該当、5位：改悛の状が認められない・改悛の状について特記なし、となっている。反対に、無期懲役判決を導く方向に作用する因子の上位項目は、1位：殺害被害者が1人、2位：被害者遺族が寛大な刑を要求、3位：犯行時年齢が18歳以上20歳未満、4位：共犯関係において従属的地位、5位：主たる加害者・被害者関係が家族・親類、との結果が示された。

死刑と無期懲役の適用基準については、「殺害被害者数」が最も大きく影響している。特に、単数殺と複数殺との間で判決を導く機能の大きな違いが見られる。そのほか、「殺害被害者数」や「殺人の類型」といった客観的要素に加え、「被告人の改悛の情」、「被害者遺族の感情」、「社会的影響」といった要因についての裁判官の主観的評価、が大きく影響しており、特に軽減的方向において強く機能していることが確認された。

永山判決及びその後の光市事件判決[16]以降の判例における死刑の適用基準については、罪刑均衡、すなわち応報の観点が死刑を正当化しているとの指摘や[17]、罪刑均衡や一般予防の観点と、被告人の矯正可能性の観点いずれもが考慮されるものの、罪刑均衡の観点が第一次的な判断要素とされているとの分析が示されているが[18]、「応報」や「罪刑均衡」、そして「一般予防」や「矯正可能性」といった概念についても、規範的概念であるがゆえに、その内容についての理解は分かれており、こうした概念が議論の総括部分においてマジックワード的に多用される傾向は、現在の死刑制度論の状況をふまえれば、むしろ議論の進展を阻害し、世界観論争に終始する議論の停滞状況を招く要因となっているとも評価できよう。こうした状況を回避するためにも、多変量解析を用いた実証研究の成果により、各量刑因子の機能を分析を進めることは、現実の司法実務についての客観化された事実の共有を可能にし、世界観論争を克服し、少なくとも現実の機能分析という形で死刑に対する立場に関わらず参加できる議論の場を構築しうるという点において、優れた手法であると思われる。

本研究の成果として、犯情に関する量刑事情としては、殺害被害者数や共犯関係、一般情状に関わる量刑要因としては、犯行時年齢、被害者遺族の感情、社会的影響が強く機能していることが確認された。殺人事件における殺害被害者数については、生命刑との罪刑均衡という点において重要な評価項目であり、罪刑均衡の観点からも一般予防目的の観点からも客観化して評価しやすい量刑事情といえよう。一般情状の事情のうち、被害者遺族の感情や社会的影響といった判断者の主観的評価による要因については、本研究での調査対象事例を分析する限り、殺人事件において死刑適用が問題となるような事案においては、一般的に被害者遺族が厳しい処罰感情を有しており、また社会の規範意識も大きく動揺するという状況にあることが想定されているのに対し、主たる加害者・被害者関係が家族・親類の事例において、被害者遺族でもある加害者家族が、将来的に被告人の社会復帰を支援したい旨を述べている場合において、特別に強く軽減的に考慮されているものと考えられる。このことから、本分析において、被害者感情や社会的影響が死刑の適用基準で大きな影響力を示す量刑事情とされたことについては、死刑判決を基礎づける力として被害者感情を基礎とする応報的観点や、社会的影響という一般予防的観点が強く機能しているというよりは、これらについては我が国ではすでに法定刑設定の段階において評価の観点が組む込まれており、実際に量刑判断を基礎づける機能という観点においては、むしろ例外的状況において死刑回避判断を基礎づける力として強く機能しているものと評価出来よう。

なお、筆者の分析によれば、裁判員裁判施行以降の死刑の適用基準についても、少なくとも初期の裁判員裁判においては、永山判決以降、裁判員制度施行以前の量刑基準から劇的な変化が生じているとはいえないとの結果が示されている。[19]

２　死刑の適用基準の時代推移

死刑の適用基準に関しては、以前より時代の推移とともに変化するものであり、裁判の確定時期が判決に影響を及ぼすとの指摘がなされてきている。こうした指摘をふまえ、確定時期という要因が死刑の量刑にどのような影響を及ぼしているかを検討するため、前述の識別表①に「確定年度」因子を加えて分析を行い、識別表②（次頁）を作成した。

識別表②については、相関比が０．５６９となり、統計的に有意と評価できる結果が示されている。各事例について、識別表の該当する各項目のカテゴリースコアを当てはめ、合成得点を算出し、識別表②の判別中点：０．０５６５を基準点として実際の判決と判別結果との一致状況を見たところ、調査対象全３２２例中、合成得点：０．０４７８未満の死刑判決は24例、合成得点：０．０４７８を超える無期懲役判決は21例、合計35例となり、実際の判決との一致率は86．０％となった。[20]

ここでも紙幅の都合上、主たる分析結果のみを紹介すると、識別表②の分析結果のうち、「確定年度」アイテムについては、レンジ値で2位という高い識別力を示しており、死刑の適用基準は一定ではなく、時代とともに変化していることが実証的に確認された。前述のように、死刑の適用基準において「被害者遺族の感情」や「社会的影響」といった主観的要素についての規範的評価が強く影響しているとの分析結果をふまえれば、我が国において死刑存置を基礎づける要因として強調されている「国民の応報感情」についても、応報の前提となる非難対象行為の評価や応報感情の評価方法も推移する可能性とともに、死刑制度をめぐる情報の共有や議論の展開を受け、その受け止め方も変動していく可能性も認められよう。最近の世論調査においても約8割を超える死刑存置を求める世論は死刑政策において重く受け止めなければならないが、これを議論の前提となる固定化された普遍的事実として解することも適切とは言えないと思われる。死刑制度を取り巻く種々の問題状況をふまえれば、今後の死刑政策においては、従来の議論において暗黙のうちに認識の共有が前提とされて使用されていた感がある「応報感情」、「罪刑均衡」などといった基本的概念についても、抽象的な世界観論争とならぬよう、その実務における機能を可能な限り客観的に示し、情報を共有した上での議論の場を構築していく必要性は大きいと思われる。

第3　死刑の適用基準研究の成果をふまえた死刑代替刑論の模索

1　死刑の代替刑をめぐる議論

死刑制度をめぐっては、誤判の存在、死刑の回復不可能性、宣告時の死刑適性のみしか評価できない、執行時の死刑適性を評価出来ない点など種々の問題点が指摘されながらも、前述のとおり、最近の世論調査において8割を超える国民が死刑存置を望む状況においては、即時の死刑廃止の主張は、なかなか受け入れられる状況にはない。また、死刑の宣告を制限的に運用しようとしても、我が国においては、死刑の次に重い刑は無期懲役であるが、現行の無期懲役については、10年を経過すると仮釈放可能とされており、無期懲役と死刑とでは差がありすぎると論じられてきている。

このような状況を受け、我が国でも、死刑に代替する刑罰によってもその犯罪抑止力が変わらないのであれば代替刑を検討すべきであり、将来的な死刑廃止も模索するためにも、まず、被害者や存置論者の納得しうる制度とし

識別表②　（識別表①＋「確定年度」因子）

アイテム	カテゴリー	カテゴリースコア	全体数	死刑	無期懲役	レンジ値
			322	144	178	
A. 犯行の態様に関する因子						
1．主たる殺人の類型	普通殺人	−0.149	87	44	43	0.359
	強盗殺人	−0.010	163	70	93	(9位)
	性的加害を伴う殺人・強盗殺人	0.210	34	14	20	
	営利目的誘拐殺人・保険金目的殺人	0.196	38	16	22	
2．殺害方法	絞殺・窒息殺	0.144	127	49	78	0.243
	刺殺・撲殺・射殺・轢殺し・中毒殺・爆発殺	−0.099	162	70	92	(13位)
	複合型	−0.070	33	25	8	
3．殺害被害者数	1人	−0.803	156	24	132	2.048
	2人	0.562	117	75	42	(1位)
	3人	1.177	23	20	3	
	4人以上	1.245	26	25	1	
4．犯行の計画性 （殺害行為について）	計画的	0.106	225	114	111	0.353
	非計画的	−0.247	97	30	67	(11位)
5．犯行の動機	利欲・障害排除・思想・信条	0.039	279	132	147	0.291
	情動	−0.252	43	12	31	(12位)
6．共犯関係	単独犯	0.009	183	77	106	0.458
	共犯あり・主導的地位	0.054	119	64	55	(8位)
	共犯あり・従属的地位	−0.405	20	3	17	
7．主たる加害者・被害者関係	家族・親類	−0.402	32	7	25	0.471
	友人・知人	0.069	177	80	97	(7位)
	面識なし・特記なし	0.005	113	57	56	
B. 被告人の属性に関する因子						
8．犯行時年齢	18歳以上20歳未満	−0.361	9	2	7	0.537
	20歳以上25歳未満	−0.241	43	15	28	(6位)
	25歳以上40歳未満	−0.016	128	61	67	
	40歳以上50歳未満	0.175	87	41	46	
	50歳以上	0.008	55	25	30	
9．前科・前歴	あり	0.031	144	72	72	0.056
	なし・特記なし	−0.025	178	72	106	(17位)
10．心身疾患等	あり	0.019	40	22	18	0.021
	なし・特記なし	−0.003	282	122	160	(18位)
11．執行猶予・仮釈放中・ 出所後間もない	該当	0.488	46	27	19	0.570
	非該当	−0.081	276	117	159	(4位)
12．成育歴・成育環境	不遇を考慮	0.055	82	40	42	0.073
	特に考慮せず	−0.019	240	104	136	(15位)
C. 犯行後の情状に関する因子						
13．自殺企図	あり	−0.146	14	4	10	0.152
	なし・特記なし	0.007	308	140	168	(14位)
14．被告人側の謝罪の弁・ 慰謝措置	あり	0.038	113	54	59	0.058
	なし・特記なし	−0.020	209	90	119	(16位)
15．改悛の状	認められる	−0.121	212	79	133	0.354
	認められない・特記なし	0.233	110	65	45	(10位)
D. 被害者感情に関する因子						
16．被害者遺族の感情	被害感情大・厳罰要求	0.013	301	137	164	0.728
	寛大な刑を要求	−0.600	9	2	7	(3位)
	意見表明なし・特記なし	0.128	12	5	7	
E. 社会的影響に関する因子						
17．社会的影響	社会的影響が大きい	0.134	242	130	112	0.538
	考慮すべき社会的影響はない・特記なし	−0.404	80	14	66	(5位)
F．確定年度に関する因子						
18．確定年度	昭和59年〜昭和63年	0.528	23	17	6	0.789
	平成元年〜5年	−0.027	58	26	32	(2位)
	平成6年〜11年	−0.261	62	20	42	
	平成12年〜16年	−0.145	69	24	45	
	平成17年〜23年（※）	0.142	110	57	53	

相関比　0.569　　判別的中点　0.0565　　判別的中率　86.0％
※　第１審が裁判員制度施行前の事例に限る。

て、死刑の代替刑の導入を試みる主張が展開されている。

死刑の代替刑としては、これまで、いわゆる終身刑である絶対的無期刑導入の主張、現行の無期懲役よりも仮釈放が認めれるまでの期間を長くした相対的無期刑導入の主張が示されているほか、超党派の死刑廃止を推進する議員連盟がまとめた「重無期刑の創設及び死刑制度調査会の設置に関する法律案」（以下、「重無期刑案」）も示されている。法務省も平成22年8月6日から、法務大臣の下で死刑の在り方を検討するための「死刑の在り方についての勉強会」を開催し、死刑制度の存廃に関する論拠、死刑廃止を推進する議員連盟のよる「重無期刑案」、そして死刑廃止国における死刑廃止の経緯などの分析を通じ、終身刑の在り方について検討を行っている。

死刑の代替刑導入の議論については、死刑廃止を前提として、死刑代替刑の導入を検討する形式も採れるが、前述のように、世論調査において八割を超える国民が死刑存置を望む状況においては、まずは死刑を存置したうえで、現行の無期懲役よりも一段重い位置づけの刑として、死刑の代替的機能を期待できる刑罰の導入を検討する方法が現実的であろう。現行の死刑と無期懲役を存置したまま死刑の代替刑を導入することになれば、①従来、現行の無期懲役では刑が軽いとの理由で死刑判決となっていた事例のうち、新たに導入される死刑代替刑にこぼれ落ちる事例が生じる可能性がある、②現行の無期懲役の役割は、従来、無期懲役が担っていたよりも一段軽い三番目の刑罰という役割となる、③現行の無期懲役が、新たな死刑代替刑の導入により、従来よりも一段軽い刑罰へと変化することで、従来長期の有期懲役刑で済んでいた事例が無期懲役に取り込まれるなど、刑の追加による量刑基準の変化だけでなく、従来、死刑と現行の無期懲役、そして長期有期懲役刑が果たしてきた刑罰機能が変化することも予想される。

死刑の代替刑の検討については、現行の刑罰制度の下では、どのような量刑事情が死刑の量刑判断を基礎づけているかを客観的に確認したうえで、どのような代替刑であれば、現在死刑判決を基礎づけている量刑事情を受け止め、死刑の代替刑としての機能を果たしうるか否かについて、実証的根拠に基づく議論の展開が有効となろう。現行法の下での死刑量刑のあり方が国民の応報感情を満たす内容となっているのであれば、現行の死刑の適用基準を基礎づける具体的な量刑事情を受け止めることが可能な性質を有する刑罰の模索は、現在の膠着状態を脱却し、死刑論議を進める第一歩となるものと思われる。

２　死刑の適用基準研究の成果をふまえた死刑代替刑論の模索

我が国においては、現在は刑法において12か条（内乱、外患誘致、外患援助、現住建造物等放火、激発物等破裂、現住建造物等侵害、汽車転覆等致死、往来危険による汽車転覆等致死、水道毒物等混入致死、殺人、強盗致死、強盗・強制性交等致死）、特別刑法の分野において７か条（爆発物使用、決闘殺人、航空機強取等致死、航空墜落等致死、人質殺害、組織的殺人、海賊行為致死）において法定されているが、実務においては、実際には、殺人及び強盗殺人に対してのみ死刑が科されている。これをふまえれば、死刑に求められている刑罰機能については、現実的には、殺人事件に射程をしぼって検討しても支障はないものと思われる。

殺人事件に対する量刑に際して、死刑については有期懲役や無期懲役とは異質となる特別の刑罰機能や刑罰目的が考慮されて刑が選択されているのであろうか。それとも、死刑判決についても殺人罪判決のなかで「罪刑の均衡」等の量刑事情の評価に基づく量刑として連続的に理解可能であろうか。この点については、多変量解析の手法を用いて死刑と無期懲役の適用基準を客観化し、殺人事件全体の量刑判断との照らし合わせを通じて死刑量刑の特殊性を抽出できれば、この要因は本当に死刑でなければ受け止めることが出来ないのかという検討方法により、死刑の刑罰機能ないし刑罰目的を受け止め得る刑罰の検討という、実証的研究に成果に基づく機能的観点からの代替刑論の展開が可能となるものと思われる。

このための具体的な分析方法としては、さしあたり、多変量解析を用いた数量化研究による①殺人事件判決における有期懲役刑の量刑基準、②長期有期懲役刑と無期懲役の量刑基準の比較という段階的分析により、殺人事件の量刑における死刑量刑の特殊性の抽出、そして現行の無期懲役の量刑上の位置づけの分析に取り組むことにより、ある程度の分析が可能となろう。この分析により、死刑量刑の場面については、殺人事件における量刑判断全体のなかで広く考慮されているとは評価出来ない特殊性を抽出でき、かつ死刑と無期懲役との間での期待される刑罰機能の相違の抽出もなしえれば、実証的根拠に基づき、現在の死刑の機能を受け止められ、無期懲役よりも重い位置づけとなる代替刑の検討に移行できよう。他方、死刑量刑の場面についても、殺人事件における量刑の全体的傾向と異質なものではなく、量刑判断としての連続性が認められるのであれば、現行の死刑と無期懲役の間に位置づけられる刑に求められる機能も、死刑代替刑に求められる各刑罰機能の量的評価という形で議論が展開出来よう。

3　量刑実証研究の成果からの機能分析

前述のように、死刑の代替刑に求められる機能を分析するには、①殺人事件判決における有期懲役刑の量刑基準、②長期有期懲役刑と無期懲役の量刑基準の比較という段階的分析により、殺人事件の量刑全体における死刑量刑の特殊性の有無についての分析、および現行の無期懲役の刑罰機能の分析を通じた検討が有効と思われるが、現時点においては長期有期懲役刑と無期懲役の量刑基準の分析について有効な分析成果を示せていないため、ここでは、上述の死刑と無期懲役の適用基準の分析結果と殺人罪判決における有期懲役刑の刑期の基準との比較から、可能な限りで死刑量刑の特殊性の検討を試みることとする。

まず、死刑の適用基準についての数量化研究との比較として、筆者が取り組んだ裁判員制度施行以降の殺人罪判決を分析対象とした有期懲役刑の刑期の基準について多変量解析の手法を用いた実証的研究の成果を示したい。

本稿では、判例データベース「ＬＥＸ／ＤＢ」を用い、平成25年５月末までに入手しえた裁判員裁判において殺人罪に対する有期懲役刑の裁判例を分析対象とした。分析対象事例について、５種類の因子群からなる17アイテム、計49カテゴリーの量刑因子を用い、裁判員裁判における殺人罪に対する有期懲役刑判決について数量化理論第Ｉ類の手法により刑期の長さに影響を及ぼす要因の分析を行った。ここでは、重相関係数：０．８５３、決定係数：０．７２８、定数項：１７８．４２９との分析結果が算出された(21)。

紙幅の都合上、主たる分析結果のみを上げれば、カテゴリー数量の範囲の大きさを示すレンジ値については、１位：殺害被害者数、２位：殺害手段、３位：共犯関係、４位：犯行時年齢、５位：動機、という結果が示された。長期の刑期を導く要因としては、１位：殺害被害者数が複数、２位：犯行時年齢が18歳以上25歳未満、３位：執行猶予・仮釈放中・出所後間もない・その他司法処分中に該当、４位：主たる加害者・被害者関係が友人・知人、５位：動機が利欲・障害排除、となった。他方、短い刑期を導く要因としては、１位：共犯関係において従属的地位、２位：殺害手段が餓死・放置死、３位：動機がその他、４位：動機が貧困、育児ノイローゼ、介護疲れ、将来悲観、５位：殺害手段が焼殺、車轢き、中毒殺、重工機使用、となった。

２つの研究の比較からは、まず、殺害被害者数の影響力が強い点は共通していることが確認できる。他方、有期懲役刑の量刑判断においては、殺害方法や動機の考慮の影響力が大きく、特に介護や子育ての疲れなど家庭内の問題など同情しうる事情による殺人の場合に、軽減的方向で大きく機能しているが、死刑の量刑判断においては、殺害方法や動機の影響力はあまり強くないという相違が見られる。死刑判決の理由としては、罪刑均衡や応報が指摘されているが、非難軽減的な方向での処罰感情の考慮や特別予防的配慮は死刑量刑の場面においては強くは機能しにくいことを示すものと思われる。

このほか、死刑量刑の特殊性を抽出しようとすれば、量刑判断一般に関しては、犯罪に対する責任に応じた刑の枠内で特別予防の必要性等を考慮し、最終的な宣告刑を決めるとの理解が通説的見解とされているが[22]、死刑については、将来の可能性を一切剥奪するという展望的考慮のない刑罰であり、死刑量刑の場面においては、少なくとも積極的観点からの特別予防効果の検討は行われていない。永山事件第1次上告審判決においても、罪刑の均衡と一般予防という2つの量刑基準が示されているのみである[23]。他方、死刑適用が問題となる重大な殺人事件における量刑判断に際しては、実際には裁判官には死刑か無期懲役かの選択が迫られているといえるが、死刑を回避し無期懲役を言い渡した判決の理由においては、行為者の主観的事情など特別予防的考慮の影響が指摘されている[24]。この意味で、特別予防的考慮については、死刑回避の方向で機能する消極的観点からの死刑の量刑要素として機能しているともいえる。特別予防的考慮の影響力及び機能については、殺人事件の量刑判断における死刑量刑の特殊性を検討するうえで重要な要因となるものと思われる。

本稿での分析については、実証的根拠に基づく死刑代替刑論の可能性を提示するに止まるものであるが、量刑判断から抽出された死刑および無期懲役の刑罰機能の分析をふまえ、死刑代替刑論に期待される刑罰機能を検討することは、死刑代替刑の具体的提案につながりうる有意義な方法であると思われる。

第4　死刑の抑止効果研究の展望

死刑には他の刑罰にはない特別の犯罪抑止効果があり、死刑が廃止されれば重大犯罪が増えることが懸念されるということが死刑存置論者から指摘されており、この効果について、実証的に解明を試みるものがいわゆる死刑の抑止効果研究である。

死刑の抑止効果研究については、その分析結果が死刑存廃論にも大きな影響を及ぼすこととなるため、死刑存置論および廃止論双方の立場から、研究が展開されてきた。この領域における先駆的な研究として死刑の抑止効果を否定したセリンの研究、[25]そして多変量解析の手法を用いて1件の死刑の執行が7件から8件の殺人の減少をもたらすという抑止効果ありの結論を示したアーリックの研究[26]については、いずれについても、検証の結果、その方法論的欠点が指摘されている。[27]そして、アーリック以降の死刑の抑止効果に関する研究においても、各死刑執行に殺人を予防する効果があることを示すものは見られるが、死刑の抑止効果について、死刑をめぐる法政策が基礎を置くに足りる確固たる根拠のある科学的知見はいまだに提供されていない状況にあるというのが今日の共通理解となっている。[28]

死刑に限らず、刑罰の一般予防効果の客観化については、犯罪結果の発生に影響を及ぼす他の要因の影響力を排除し、当該刑罰についてのみの純粋な影響力の証明は困難なのではあるが、そうした分析方法論上の課題を認識しつつも、死刑制度をめぐる問題状況をふまえれば、少なくとも先入観のない客観的因果推論から、その抑止効果を評価したうえで死刑制度論と向き合うという姿勢は求められよう。

なお、我が国においても死刑の抑止効果研究について、新たな分析や先行研究のレビューを通じた分析手法についての再検討の試みが示されるなど、近年再び研究の進展が認められる状況にある。[29]また、近年、有期刑の上限の延長については犯罪抑止効果ありとする研究成果が示されているが、[30]こうした研究成果についても、死刑の代替刑の導入に伴う刑罰の序列の変化の影響力を考察するうえで注目に値しよう。

第5　おわりに

現在、死刑制度の正当化や死刑判決の理由付けにおいて用いられている「罪刑の均衡」、「応報感情」、「国民の処罰感情」などの概念については、その内容の理解は必ずしも共有されているわけではなく、またこれらの要因の実務における機能についても明確な理解が共有されているわけではない。こうした死刑を基礎づける象徴的な要因についても、経験的研究による客観化と機能分析に取り組み、死刑制度についての理解や死刑と向き合う立場が異なる者同士であっても共有できる実証的根拠を確立し、機能的考察という形で議論を構築していくことには意義があると思われる。

また、世論調査で示される国民感情をふまえれば、即時に死刑廃止に転換することは現実的ではなく、死刑制度の問題点を受け止めたうえで微調整から進めていかねばならないと思われる。まずは死刑を維持しながら、死刑の刑罰機能と刑罰効果を担いうる死刑の代替刑を導入することが、死刑廃止に向けた現実的な歩みだしとなろうが、これについても、反対論者が指摘する懸念について、実証的研究の成果をふまえ、機能的に考察していくことが、議論を前進させるための有効な歩み出しとなると思われる。

死刑制度の諸側面についての実証的研究には現時点においては多くの課題が残ると言わざるをえないが、それはこのアプローチの失敗を意味するものではない。今後も実証的研究の試みを積み重ね、結論のみならず分析方法についても徹底的な検証にさらされ、方法論的課題を明確にしていく努力は、世界観の論争を乗り越え、死刑制度をめぐる議論の前進に寄与する有意義な取り組みと思われる。

（1）近時の死刑存廃論の整理として、大谷實「死刑制度論のいま―基礎理論と情勢の多角的検討（1）巻頭言」判時

２４２６号（２０２０年）１３７頁以下。

（２）団藤重光『死刑廃止論〔第６版〕』（有斐閣、２００４年）７頁以下および１５９頁以下。

（３）植松正『再訂刑法概論Ⅰ総論』（勁草書房、１９７４年）３９６頁以下。

（４）最大判昭23・３・12刑集２巻３号１９１頁、最大判昭30・４・６刑集９巻４号６６３頁。

（５）大阪高判平25・７・31判タ１４１７号（２０１５年）１７４頁。

（６）「基本的法制度に関する世論調査（令和元年11月調査）」（内閣府）（https://survey.gov-online.go.jp/r01/r01-houseido/index.html）

（７）澤登俊雄ほか編『新・刑事政策』（日本評論社、１９９３年）１３９頁。

（８）「ＵＰＲ第２回日本政府審査・勧告に対する我が国対応」https://www.mofa.go.jp/mofaj/gaiko/jinken_r/upr_gai.html（外務省ＨＰ）

（９）「ＵＰＲ第２回日本審査フォローアップ」（前掲・注（７））参照。

（10）「第36回国連人権理事会「死刑問題」決議採択」https://www.mofa.go.jp/mofaj/fp/hr_ha/page25_001054.html（外務省ＨＰ）

（11）外交上のリスクを強調するものとして本庄武「死刑」法教№４５３（２０１８年）１０５頁。

（12）同様の問題意識を示す研究として、浜井浩一『実証的刑事政策論』（岩波書店、２０１１年）３０５頁以下。

（13）最二判昭58・７・８刑集37巻６号６０９頁。

（14）岩井宜子＝渡邊一弘「死刑・無期懲役の数量化基準‐永山判決以降の判例分析」現代刑事法№35（２００２年）78頁以下、岩井宜子・渡邊一弘「「死刑・無期懲役の数量化基準─永山判決以降の判例分析」専修大学法学研究所　専修大学法学研究所紀要『刑事法の諸問題Ⅵ』（２００３年）１頁以下、渡邊一弘「死刑適用基準の現状分析」専修法研論集33号（２００３年）39頁以下、岩井宜子＝渡邊一弘「近年の死刑判決の量刑基準─数量化による検討─」犯罪学雑誌72巻６号（２００６年）１６５頁以下、渡邊一弘「死刑の適用基準をめぐる最近の動向」刑ジャVol.14（２００８年）53頁以下、渡

邊一弘「裁判員制度の施行と死刑の適用基準―施行前の運用状況の数量化と初期の裁判員裁判における裁判例の分析」町野朔ほか編『刑法・刑事政策と福祉―岩井宜子先生古稀祝賀論文集』（尚学社、２０１１年）４７３頁以下、渡邊一弘「初期の裁判員裁判における量刑傾向についての実証的研究　―殺人罪事件に対する有期懲役刑の刑期の基準および死刑の適用基準についての検討」岩瀬徹ほか編『刑事法・医事法の新たな展開　下巻（町野朔先生古稀記念）』（信山社、２０１４年）５３１頁以下。

(15) ここでの分析結果の詳細については、拙稿「裁判員制度の施行と死刑の適用基準―施行前の運用状況の数量化と初期の裁判員裁判における裁判例の分析」・前掲（注14）４７３頁以下を参照されたい。

(16) 最一判平24・2・20集刑３０７号１５５頁。

(17) 本庄・前掲（注11）１０７頁以下。

(18) 川出敏裕・金光旭『刑事政策〔第2版〕』（成文堂、２０１８年）75頁。

(19) 拙稿「初期の裁判員裁判における量刑傾向についての実証的研究　―殺人罪事件に対する有期懲役刑の刑期の基準および死刑の適用基準についての検討」・前掲（注14）５４０頁以下。

(20) ここでの分析結果の詳細については、拙稿「裁判員制度の施行と死刑の適用基準―施行前の運用状況の数量化と初期の裁判員裁判における裁判例の分析」・前掲（注14）４３１頁 以下を参照されたい。

(21) 分析結果の詳細については、拙稿「初期の裁判員裁判における量刑傾向についての実証的研究　―殺人罪事件に対する有期懲役刑の刑期の基準および死刑の適用基準についての検討」（前掲・注14）５３５頁以下を参照されたい。

(22) 小池信太郎「量刑における幅の理論と死刑・無期刑」論ジュリ4号（２０１３年）82頁。

(23) 最二判昭58・7・8刑集37巻6号６０９頁。

(24) 城下裕二「量刑判断における行為事情と行為者事情―『死刑と無期の間』を中心に」刑弁83号（２０１５年）１２７頁。

(25) Thorsten Sellin, The Death Penalty (1959).

(26) Isaac Ehrlich, "The Deterrent Effect of Capital Punishment: A Question of Life and Death," The American Economic

Review Vol.65, No.3 (1975), pp.397-417.

(27) アーリックの研究に向けられた批判について、石川正興「死刑の犯罪抑止力」現代刑事法№25（２００１年）31頁以下。

(28) Jeffry Fagan and Valerie West,
“Death and Deterrence Redux: Science, Law and Causal Reasoning on Capital Punishment”. The Future of American Death Penalty. (2008):341-345.
また、村松幹二・ディビット・T・ジョンソン、矢野浩一「日本における死刑と厳罰化の犯罪抑止効果の実証分析」浜井浩一編『犯罪をどう防ぐか』（岩波書店、２０１７年）１７４頁以下。

(29) 村松ほか・前掲（注28）１７４頁以下、村松幹二「日本における死刑の近年の動向」経セミ６９５号（２０１７年）34頁以下、森大輔「日本の死刑の抑止効果－３つの先行研究の計量分析の再検討」熊本法学Vol.１４８（２０２０年）４１６頁以下。

(30) 村松ほか・前掲（注28）１７４頁以下。

（わたなべ　かずひろ・専修大学教授）

第6章　死刑制度論における世論の意義

本庄　武

1　はじめに

日本の政府は、２０１２年の国際人権自由権規約に基づく第６回審査の場で、「我が国では、死刑制度の存廃は、我が国の刑事司法制度の根幹にかかわる重要な問題であるから、国民世論に十分配慮しつつ、社会における正義の実現等種々の観点から慎重に検討すべき問題と考えている。我が国としては、国民世論の多数が極めて悪質、凶悪な犯罪については死刑もやむを得ないと考えており（２００９年11月から12月に実施された最新の世論調査では、85・６％が『場合によっては死刑もやむを得ない』と回答している。）、凶悪犯罪がいまだ後を絶たない状況等にかんがみれば、その罪責が著しく重大な凶悪犯罪を犯した者に対しては、死刑を科すこともやむを得ず、直ちに、死刑を廃止することは適当ではないと考えている。」と表明している。[1] こうした世論に基づく死刑の正当化は、既に１９８７年の同規約に基づく第2回報告において、「現状においては、極度に凶悪な犯罪を犯した者に対し、死刑の適用を存置すべきであるとするのが、現在の我が国民の大多数の意見であり、これは、幾つかの世論調査によって裏付けられている。」とされて以来である。[2] ２００６年の第5回報告からは、これに、「凶悪犯罪はいまだ後を絶たない」という犯罪情勢に関する分析が加わっている。[3] しかしながら、第一審での死刑言渡し数は２００６年の13件から２０１２年の3件へと激減し、その後も年間5件から2件の間という極めて低い水準で推移している。にもかかわらず、オウム真理教関係者への大量執行（2018年）にみられるように、ごく少数であっても死刑判決を言い渡し、執行していくという国家の意思は強固であるようにみえる。(4) ここまで死刑適用数≒死刑相当犯罪数が減ってもなお、「凶悪犯罪がいまだ後を絶たない」と評価されるのであれば、犯罪情勢への言及はとってつけたものだといわざるを得ない。以上のことから、日本における死刑存置の最大の根拠は世論の圧倒的多数の支持である、と窺われる。

死刑存廃論には、死刑の犯罪抑止力の有無・程度や誤判冤罪の可能性の有無・程度など他にも重要な論点がある。しかし死刑の犯罪抑止力の存在に関する有力な証拠は今のところ得られていない一方で、(5) 反対に抑止力の不存在も証明されていない。(6) また誤判冤罪問題に関しては、最近の無期刑確定事件での相次ぐ再審無罪判決の出現からすれば、死刑確定事件での冤罪は、再審で無罪となった4事件の背景となった強引な取調べによる自白追及が蔓延していた特定の時代においてのみ発生し得たものではなく、いつの時代にも発生し得るものであるといえる。しかしまた、死刑が執行された事件で後に冤罪だと判明した事件が存在しないことも事実である。抑止力の問題や冤罪の問題については、議論が膠着状態にあるとも思える。この状況下で、日本ではこれらの問題について、専門家の議論により決着をつけるよう努力するのではなく、世論が死刑に抑止力があると思うか、世論が誤判冤罪問題をどれほど深刻に考えているか、という世論の問題に解消されてしまっている感がある。

しかし死刑問題において、世論に依拠することは本当に正しいことなのだろうか。本稿はこの問題に関して、ささやかな問題提起を行おうとするものである。

2　判例にみる死刑と世論との関係

日本の判例上、死刑と世論との関係に言及した個別意見が付されたものが2つある。

一つ目は、死刑制度を合憲だとした最大判昭23・3・12刑集2巻3号191頁であり、島保ほか3名の裁判官の補充意見が付されている。同意見は、「ある刑罰が残虐であるかどうかの判断は国民感情によつて定まる問題である。而して国民感情は、時代とともに変遷することを免がれないのであるから、ある時代に残虐な刑罰でないとされたものが、後の時代に反対に判断されることも在りうることである。したがつて国家の文化が高度に発達して正義と秩序を基調とする平和的社会が実現し、公共の福祉のために死刑の威嚇による犯罪の防止を必要と感じない時代に達したならば、死刑もまた残虐な刑罰として国民感情により否定されるにちがいない。かかる場合には、憲法第31条の解釈もおのずから制限されて、死刑は残虐な刑罰として憲法に違反するものとして、排除されることもあろう。しかし、今日はまだこのような時期に達したものとはいうことができない。」としていた。

この意見は、一見すると、憲法36条で禁じられる残虐な刑罰に該当するかどうかを判断する際に、国民感情を参照することを求めたもののようにみえる。この場合、国民が死刑を残虐だと感じるかどうかにより結論が決まることになるが、それ自体不安定かつ実態が定かではない感情を直接のよりどころとすることは難しい。実際には、アメリカ連邦最高裁の判例が、残虐で異常な刑罰か否かを「成熟社会の進展を示す品位という進化する基準(evolving standards of decency that mark the progress of maturing society)」という定式を通じて判断しているように、国民感情を考慮するとしても、それは残虐性判断における決め手にはならず、立法や判例の動向、経験科学の知見などを参照して、不必要ないし不合理な刑罰を科すことになっていないかという実質判断を並行して行い、総合評価として世論の動向を探ることになると思われる。(7) この補充意見もまた、国民感情により死刑の残虐性を決めようとするものではない。補充意見は、「公共の福祉のために死刑の威嚇による犯罪の防止を必要と感じない時代に達したならば、死刑もまた残虐な刑罰として国民感情により否定されるにちがいない」と述べている。このことからすると、補充意見は、国民が死刑を「残虐だと思うか」を基準にしているのではなく、国民が死刑を「必要だと思うか」を基準にしているとみるべきであろう。しかしそれにより、別の問題を抱え込んでしまう。補充意見は、死刑の必要性を、犯罪に見合った応報という観点からではなく威嚇による犯罪防止の観点から判断することを求めている。この点では、生の応報感情を基準とすることからはなお一線を画してはいるものの、そのことにより、本来経験的実証的に判断されるべき死刑の威嚇による犯罪防止の必要性を、国民の感覚的意見により判定するという不合理さを抱え込むことになっているのである。しかも、その国民の感覚的意見をダイレクトに死刑の存廃に結びつけることになってしまう。結果として、世論は死刑存廃の是非を決するうえで決定的な役割を担うことになる。

二つ目は、最判平5・9・21裁判集刑事262号421頁に付された大野正男裁判官の補足意見である。補足意見は、「裁判所としては、死刑を適用するときは、常にその時代と社会の状況及び犯罪と刑罰との均衡に対する国民の意識の変化に注目して、死刑が残虐と評価される余地がないかを検討すべきである。」との一般論を述べたうえで、「刑罰の正当性は罪と罰の適正な均衡に存する以上、被害法益の大きさと死刑制度に対する国民の意識を考慮し、死刑が社会一般の寛容性の基準に照らして罪刑の均衡を著しく損なうものであるかどうかを考察することが必要である。」と指摘する。そのうえで、裁判所が死刑を極めて限定的にしか適用していない状況の下において、「なお死刑が罪刑の均衡を失し、不必要な苦痛を与える残虐な刑罰であるといい得るためには、他人の生命を凶悪な手段で奪った者に対しても、国家が更生の余地をあたえることなく、その生命を権力によってはく奪することは過剰な応報であると意識されることが必要であろう。死刑が国民の道徳感情に基礎を置く刑事政策の一方策である以上、現実の国民の意識のみによって決せられるものでないにしても、それを度外視して、過剰な応報であるとすることは適当でない。」と指摘し、政府の世論調査等から窺える社会一般の死刑制度への寛容性と死刑の制限的適用の現状からすれば、死刑を罪刑の均衡を失した過剰な刑罰であって憲法に反すると断ずるには至らない、と結論づける。

大野補足意見において、世論は、罪刑の均衡を判定するための一要素としての役割を果たしている。その意味で、世論動向を死刑の存廃に直結させていた大法廷判決補充意見とは区別されるべき見解である。しかしながら、「他人の生命を凶悪な手段で奪った者に対しても、国家が更生の余地をあたえることなく、その生命を権力によってはく奪することは過剰な応報であると意識される」か否かを問うとするならば、素朴な応報感情が死刑を拒絶するかどうかという問題となり、そうした時代は未来永劫到来しないのではないかという疑問がある。死刑廃止を支持する論者にあっても、素朴な応報感情として、凶悪な殺人犯人に死をもって償わせたいという思いに駆られないわけではないだろう。死刑廃止論は、理性的な判断として、その素朴な思いを抑制するところに成り立つものと思われる。しかもこの考え方は、過剰な応報であるかどうかが「分からない」場合には死刑を存置することを暗黙のうちに前提としており、世論の考慮の仕方が偏っているのではないか、という疑問が生じる。大野補足意見の考え方によっても、なお世論ないし国民感情に過大な役割が背負わされているようにみえる。

このように最高裁に現れた2つの個別意見は、世論を評価する観点を異にしつつ、いずれも、死刑存廃の問題において世論に決定的な役割を担わせていた。問われるべきはその当否である。

3　世論調査に見る世論

内閣府では定期的に死刑に関する世論調査を実施しており、近年は「基本的法制度に関する世論調査」の中で、5年ごとに調査が実施されている。[8] 死刑への賛否は年によって変動があるものの、近年は8割以上という圧倒的な多数が「死刑もやむを得ない」と回答するという状況に変化はない。[9]

この調査においては、質問の仕方について変遷がみられる。まず、1989年までの調査は「死刑（問題）に関する世論調査」ないし「犯罪と処罰（等）に関する世論調査」として行われていたこともあり、凶悪犯罪が増えているると思うかといった犯罪情勢についての認識を尋ねた後に、死刑廃止についての意見を尋ねる形式となっていた。このような質問の流れは、誘導的ではないかとの批判を受け、「基本的法制度に関する世論調査」となった1994年調査からは、いきなり死刑への意見を問う形に変更されている。

また1989年以前は「今の日本で、どんな場合でも死刑を廃止しようという意見に賛成ですか、反対ですか」と問い、回答者がどちらも選べない場合は「わからない」に分類する形式であったが、ある意見に対する賛否を問うという問い方では賛成の方にバイアスがかかるという意見があったため、1994年調査の際に、「どんな場合でも死刑は廃止すべきである」とその対概念であると考えられた「場合によっては死刑もやむを得ない」の二つの選択肢を提示し、回答者がどちらも選べない場合には「わからない・一概に言えない」に分類するという方式に変更された。さらに、2014年調査に先立っては、法務省に「死刑制度に関する世論調査についての検討会」が設置され、適切な質問等の在り方について検討が行われた。その結果、「どんな場合でも」、「場合によっては」という表現について、回答者にとって明瞭ではない、回答において躊躇するなどの指摘があり、これらの表現を削っても、従前の世論調査との大まかな継続性を確保しつつ、「制度としての死刑を全面的に廃止すべきであるか否かについての国民意識の動向を把握する」という調査の趣旨を害することはない、[10]とのことで、２０１４年以降の調査の選択肢は「死刑を廃止すべきである」と「死刑もやむを得ない」に改められた。

このうち、１９８９年から１９９４年にかけての調査方法の変化については、「場合によっては」、「やむを得ない」という曖昧な表現が選択しやすくさせているとの批判があった。[11]確かにこの両年の結果を比較すると、廃止支持が減少するとともに、存置容認が増加しているし、廃止支持のうち、即時廃止論の割合が大幅に増加する一方で、存置容認のうち将来的存置の割合が大幅に減少し将来的廃止容認の割合が大幅に増加している。このことからすると、[12]廃止支持から存置容認への転移が生じた可能性は否定できないと思われる。しかしながら、１９９４年調査で死刑容認方向に誘導する効果があるとも思える関連質問がなくなったことは廃止支持にとって有利である一方で、「今の日本では」という限定が取り払われたことで、時代・場所を問わず普遍的に廃止すべきと思えなければ、廃止支持は選べなくなっているし、変更の趣旨が賛成方向のバイアスを減らすことにあったことからすると、質問方法の変更がどの程度影響したかを解明するのは困難に思われる。[13]

より重要なのは、２００９年調査から２０１４年調査への変更である。[14]検討会では、「どんな場合でも」、「場合によっては」の二つの選択肢は論理的に等価ではないとの意見が出されたが、元々の調査の狙いが、全面的廃止論についての国民の意識を探ることにあるという事務局の説明を踏まえて、むしろ等価ではないことに意味があるという議論となった。対案としては、「廃止すべきである・すべきでない・わからない」の三択、「廃止すべき・どちらかというと廃止すべき・どちらかというと存置すべき・存置すべき」の四択も提案されたが、政策についての世論調査は、社会調査とは異なり、賛成か反対かを端的に聞くべきであるとの意見があり、また「わからない」を選択肢に加えると、そこに集中することが懸念されると指摘されたこと、四択になると新聞社等で実施しており、二択の調査の継続性の方を重視すべきとの意見があったことから、採用されなかった。「どんな場合でも」、「場合によっては」を削除したのは、前提質問なしにこの尋ね方をするのは唐突であるという意見、「どんな場合でも」と「すべきである」は二重構造になっていて、「どんな場合でも」を取るとすれば、それに対応して入れられた「場合によっても」を取るという趣旨であるとされている。このような議論を経て作られた２０１４年以降の質問項目は、二つの選択肢が従来から等価でなかったことを正面から認め、死刑についての国民意識の正確な分布を把握することではなく、死刑の全面廃止についての国民の意識を探るのが、この調査の目的である、とされたところに意味がある。文言の修正によって、回答に当たり、「どんな場合にも」死刑を廃止すべきといえるかと身構えさせる要素が軽減されることで、廃止支持は２００９年の６・７％から２０１４年９・７％、２０１９年９％とやや増加した半面で、存置容認はそれぞれ85・６％から80・３％、80・８％へと減少したように思える。しかし、その効果は大きなものではなかったといわざるを得ない。

２０１４年以降の調査に対しては、そもそも、なぜ死刑存廃に関する国民意識ではなく、死刑全面廃止の是非についての国民意識の調査でなければならないのか、という指摘がある。[15] この点は調査の目的に関わる問題であり、項を改めて論じたい。ここでは、この立場を前提に提案されている、死刑存廃に関する国民の態様な意識を測るべく、「廃止すべきである・どちらかと言えば廃止すべきである・どちらとも言えない・どちらかと言えば存置すべきである・存置すべきである」の五択による調査について言及したい。

提案と類似の形式の調査として、例えば、河合幹雄らが２０１４年に実施した２５００名を対象とする大規模調査においては、死刑制度へ賛成37・２％、どちらかといえば賛成32・２％、どちらともいえない20・２％、どちらかといえば反対７・３％、反対３・１％という結果が出ている。[16] 同様に、絶対に反対から大いに賛成までの五件法で死刑制度への賛否を尋ねた山崎優子らによる別の研究では、死刑賛成67％、反対13％、どちらともいえない20％であったとされている。[17] これらは調査方法も母数も内閣府調査とは大きく異なっており、[18] 数値を相互に比較することには意味はない。それでも、ここで紹介した三つの調査では、いずれも存置支持が6割以上となり、廃止支持は1割程度となっている。確かに、内閣府調査で存置論の割合を測るのには問題がある。しかし人まかな傾向として、内閣府調査は死刑をめぐる日本の世論を表現している、といっても間違いとまでは言えないようにも思われる。

さらに世論調査を巡っては、世論は前提となる死刑に関する状況にあまりにも無知なのではないかという点が指摘されてきた[19]。例えば、犯罪認知件数は２０００年代前半に急増して以降は今日に至るまで減少を続けており、現在は戦後最小を記録しているが、一般にこのことはあまり認識されていない。死刑に抑止力があることを信頼のおける方法で証明した研究は存在しない、死刑が回避されて無期懲役となった事案での仮釈放は判決後30年が経過しないとまず行われず、かつその数も極めて少ない、などの情報についても広く知られているとは言い難い。その状態で素人的な感覚に基づいてなされた判断は尊重するに値しない、というのである。そこで、死刑に賛成・反対の両意見に関する情報を提供し、それを踏まえて参加者で討論を行ったうえで意思決定を行う熟議ないし審議型意識調査も試みられている[20]。しかしこれに対しては、どんなに公平性に配慮したとしても、一定の情報提供に基づいて行われる意識調査には不可避的に誘導の問題が生じるため、公正な世論調査ではなくなってしまうという問題点が指摘される[21]。

最近では、死刑に関する世論調査において、その質に注目すべきという佐藤舞の主張もある。内閣府の調査を見ても、８割の死刑容認論のうち、４割は将来的な廃止容認論であり、強固な存置論は6割弱に過ぎないのであるから、結局のところ存置論は5割に満たないことになる。佐藤の調査では、存置派のうち政府の廃止決定は受け入れるとしたのが71％にのぼる一方で、死刑の将来を世論調査の結果により決めるべきとしたのは40％に過ぎない、という注目すべき結果も出されている[22]。

結局、内閣府調査を用いて死刑をめぐる世論を語るのが適切かどうかは、死刑存廃という問題において世論がいかなる意味を持つと考えるのか次第である、ということになるだろう。そこで、次にその問題を検討する。

4　死刑存廃論議において世論が有する意味

死刑に関する世論調査を巡っては、そもそも死刑の存否という人権にかかわる問題を多数決で決めるのは不適切であるから、たとえ世論の多数が死刑を支持しているとしても、そのことは死刑廃止の妨げにはならないはずである、という根本的な批判もなされている[23]。人権は多数決によっても覆せない「切り札」であるとすれば、この批判は正しい。しかし問題は、死刑が憲法に違反する人権侵害であると言い切れるかどうかである。周知のように、この点を巡っては、憲法31条が死刑を想定した書きぶりをしていることから、憲法が死刑を否定しているという評価は難しい、というのが先述の死刑の合憲性に関する大法廷判決の評価である。これに対して、人権に関する憲法規定を反対解釈するのは問題であるとして、憲法31条は死刑の存否について何ら判断を下していないとみるべきだとする学説上の有力説がある。筆者としても有力説の解釈の方に説得力を感じているが、しかし問題は、死刑が憲法に違反する人権侵害かどうかについての議論が膠着状態にあるという点である。死刑が人権侵害であるというコンセンサスが形成できているのであれば、多数決によりそれを覆すことは許されないが、コンセンサスを欠いている現状では、多数決により人権を侵害することになっているのかどうかが明らかではないことになり、反論は有効性を維持し得ないのではないか。そうだとすると、死刑制度は立憲主義の防波堤を乗り越えてしまうのであり、やはり死刑の存廃は民主主義に則って、世論の意向により決めるしかないのではないか、という意見が浮上してくる。現状はそういう状態であると分析することもできそうである。

しかし本当にそうなのだろうか。

そもそも代表民主制の下では、特定の政策についての国民の意見が直接代表者の意思決定を拘束する構造にはなっていない。国民の総意に反する政策が実施された場合、その政策決定者が事後の選挙においてその是非について審判を仰ぐことにより、間接的に世論の動向が考慮に入れられるにとどまる。国民の半数以上が反対する政策が実現されることは珍しいことではなく、また一般論としてその必要性を否定することもまた難しい。とりわけ刑事立法の領域では安易に世論に迎合し専門的知見を軽視して厳罰化立法を行うことは、ピナル・ポピュリズムとしてむしろ否定的に捉えられることが多い。

世界に目を転じると、死刑廃止を成し遂げた国では、政治的リーダーシップが決定的に重要であると分析される[25]。国民世論により死刑制度改革が進められた国は皆無であるともいわれる[26]。

このようにみてくると、死刑廃止論議においてはむしろ世論を考慮する必要はないように思えてくる。国連自由権規約委員会の日本政府に対する意見は、「世論調査の結果如何にかかわらず、締約国は、死刑廃止を前向きに検討し、公衆に対して、必要があれば、廃止が望ましいことを伝えるべきである」というものである[27]。

もちろん世論の圧倒的多数が強固に死刑存置を支持しており、それが選挙の一大争点になるような事態が生じれば、政治家は死刑廃止を躊躇すると思われる。その限りで世論は死刑廃止論議に影響力を有するが、それはあくまでも事実上のものである。しかも死刑存廃が選挙の一大争点になることは、少なくとも現代日本においては、考えづらいことである。国民はより日常生活に身近な問題を考慮して投票行動を行うであろうから、自らの支持する政党ないし政治家の死刑存廃についての考えは投票行動にあまり影響しないと考えられる[28]。そうすると、結局、死刑存廃論議において世論は等閑視してよいものとなりそうである[29]。

しかしそれでは、死刑廃止論が世論の圧倒的多数になった場合でも、存置論を支持する政策決定者は死刑を存置できることになるが、それでよいのだろうか。筆者は、民主主義国家である以上、原理的には政策は民意に従って決定されるべきだと考える。圧倒的多数の民意が支持する場合、その意見に従った政策を行うべきであろう。もちろん、その民意は、一時的な熱狂により形成された流動的なものであってはならない。熟慮に基づく理性的な世論であってこそ尊重に値する。そのことを確保するためには、少なくとも、単にある意見が過半数の支持を集めたというだけでは十分ではなかろう。また、その民意が不正確な事実認識に基づいている可能性がある場合、政策決定者は正しい事実認識を普及させることを優先させるべきで、どんなに不合理であってもその民意に従わなければならない、ということでもなかろう。しかし事実認識ではなく価値判断に関わる領域での見解の相違といえる事態に関しては、政策決定者が不合理だと考える判断についても、圧倒的多数により示された民意は政策を拘束すべきではないかと思われる。(30) この立場からは、圧倒的多数の民意が確信を持って死刑を存置すべきだと考える場合、死刑が人権侵害だといえないのであれば、死刑は存置すべきことにならざるを得ない。しかし前述の通り、日本の世論の現状はそのような場合ではない可能性が高く、また将来的にもそうした事態は招来されないように思われる。

こうして考えると、内閣府の世論調査は、まさに国民の意見に拘束されて死刑を廃止せざるを得ない時代が到来していないかを測定しているものであり、「(どんな場合でも)死刑を廃止すべき」か否かという尋ね方は不当ではないことになる。多くの論者は国民の死刑に関する意見分布を調査する方法に改めるべきと主張するが、そのような調査は流動的でその時々の出来事により左右されやすい「世論」(の過半数を獲得したか)により死刑の存廃を決めるのだ、という「誤解」を国民に与えることになりかねず、好ましくないように思われる。

問題は世論調査の用い方である。「(どんな場合でも)死刑を廃止すべきである」という意見への反対論が8割存在することは、日本政府が国連の場で主張する、圧倒的多数が死刑存置を支持することを意味しないし、それをもって死刑存置の根拠とすることもできない。最高裁の大野補足意見のように、死刑の合憲性判断において、世論調査から窺える現状の世論を合憲の根拠として援用することも適切ではない。結局のところ、世論が死刑存廃論議において果たすべき役割は極めて小さなものである。死刑の存廃は、基本的には世論以外の論点につき議論を尽くし、政治的リーダーシップの下で決すべきものであると思われる。

誤解を避けるために付言すると、この立場からも、死刑廃止論者は、世論に働きかけることで、死刑廃止論者を増加させ、世論による死刑廃止が実現することを目指すとともに、政治的リーダーシップによる死刑廃止を受け入れやすい土壌を醸成するよう努めるべきであることに変わりはない。

関連して、国民世論の多数が死刑存置を支持していることを無視して、国民の意識を死刑廃止の方向に誘導するような施策をとることについて、民主主義のあり方との関連で反対意見にも十分に根拠がある、との見解もある。[31]しかし、政府が望ましいと考える政策について、国民の受容可能性を高めるために国民に働き掛けることは、近時の民法成年年齢引下げに至る経緯に見られるように、ごく普通に行われていることである。それが民主主義に反するとも思われない。[32]

５　補論：死刑の運用と世論

冒頭で確認したように、日本においては、判決における死刑の言渡し及び死刑の執行は極めて低い水準で推移している。

裁判員裁判の導入はこの傾向に変化を生じさせるかとも思われた。しかしながら、第一審死刑言渡し数は、裁判員制度導入後の２０１１年に10件と二桁を記録して以降は、２０２１年に至るまで年間２件から５件という水準で推移している。第一審死刑言渡し数が10年間一桁を継続したのは１９６９年から１９８１年までの期間以来であり、10年間５件以下を継続したのは戦後初である。

裁判員制度下での死刑判決の謙抑的言渡し傾向を決定づけたのは、最決平27・2・3刑集69巻1号1頁及び最決平27・2・3刑集69巻1号99頁の2件の最高裁判例であろう。2つの判例は、究極の刑罰である死刑の適用に求められる慎重さと公平性確保の観点からは、裁判例の集積から死刑選択上考慮されるべき要素・その重みづけの程度・根拠を検討しておき、その検討結果を裁判体の共通認識とし、それを出発点として議論すべき、としたうえで、死刑の科刑が是認されるためには、死刑の選択をやむを得ないと認めた裁判体の判断の具体的、説得的な根拠が示される必要がある、と判示している。この判例の下にあって、先例において死刑とされてこなかった事案について、裁判員の市民感覚を尊重して死刑判決を下しても、具体的、説得的な根拠であるとされる事案は極めて限られるものと思われる。[33] 実際に、この判例以降に、女児誘拐殺人事件や無差別通り魔殺人事件において、生命軽視の度合いが甚だしく顕著であるとして死刑を言い渡した裁判員裁判は、高裁で破棄され、最高裁でも高裁の判断が是認されている。[34]

その後、新潟女児殺害事件においては裁判員裁判において無期懲役判決が出されたが（新潟地判令1・12・4 LEX/DB25564715）、裁判員は記者会見において、「裁判の公平性を考え、永山基準に沿って判決を出した」、「今後、犯罪も多様化してくるし、考えられないような犯罪もある。基準を見直していかなければいけないのではないかと個人的には思った」、「せっかく裁判員制度で一般の意見を受け入れていこうということになった。家族の心情とか、割合は大きく入れた方がいいのではないか」と語ったとされる。[35] そして、この判決を始めとして、先例を重視して死刑を回避した裁判例について、裁判員裁判の趣旨を損なうものではないか、との批判が語られることも多くなっている。

皮肉なことに、司法の民主的基盤を強化するために導入された裁判員制度によって、死刑の適用においては世論が重視されていないことが可視化されつつある。そのような運用となることには相応の理由があると思われるもの[36]の、問題は、この運用が、死刑存置の最大の論拠が世論の支持であることと整合していないようにみえることである。このことは、死刑存置の根拠が本当に世論にあるのかを疑わせるとともに、死刑を存置し続けることの正当性自体をも掘り崩すことになるように思われる。

死刑廃止は、現在のところ、大きな政策課題にはなっていない。しかし、水面下において死刑は重大な岐路に立たされているのではないだろうか。

（1）「市民的及び政治的権利に関する国際規約第40条1(b)に基づく第6回政府報告（仮訳）」（2012年）パラ104。
（2）「市民的及び政治的権利に関する国際規約第40条に基づく第2回政府報告（仮訳）」（1987年）10頁。
（3）「市民的及び政治的権利に関する国際規約第40条1(b)に基づく第5回政府報告（仮訳）」（2006年）パラ125。
（4）本庄武「地下鉄サリン事件」法教463号別冊付録「平成の法律事件」（2019年）14頁。
（5）最新の研究として、村松乾二＝デイビッド・T・ジョンソン＝矢野浩一「日本における死刑と厳罰化の犯罪抑止効果の実証分析」浜井浩一編『犯罪をどう防ぐか（シリーズ刑事司法を考える第6巻）』（岩波書店、2017年）157頁。
（6）その証明は極めて困難であろう。
（7）近時の連邦最高裁判例におけるこの基準の具体的な適用については、本庄武『少年に対する刑事処分』（現代人文社、2014年）289頁以下及び355頁以下を参照。
（8）死刑以外の調査項目はその時々の調査によって様々である。例えば、2004年までは懲役刑と禁錮刑の区別を維持することの是非、いわゆる自由刑の単一化について調査がなされていた。しかし、最新の2019年調査においては、自由刑の単一化が法制審議会で議論されている最中であり、まさに立法課題となっているにもかかわらず、この項目についての調査は行われていない。このことは、立法課題の中に世論を重視すべきと考えられているものとそうでないものとが存在しており、死刑問題は、世論動向を調査することがとりわけ重要な問題である、と考えられていることを示しているといえる。

(9) 最新の調査である2019年11月調査では、80・8%が「死刑もやむを得ない」と回答している。

(10) 死刑制度に関する世論調査についての検討会「取りまとめ報告書」(2014年)1頁。

(11) 日本弁護士連合会「死刑制度に関する政府の世論調査に対する意見書」(2013年)5頁。同所では「どんな場合でも」という強い表現が「廃止すべき」を選びにくくさせているとの批判もされているが、本文で紹介したように、この表現は1989年以前から用いられている。

(12) 存置容認者に対し、将来的存置と対になる選択肢は、1989年以前は「だんだんに死刑を少なくしていって、いずれは廃止してもよい」であったのに対し、1994年以降は「状況が変われば、将来的には、死刑を廃止してもよい」に変更されている。日弁連・前掲注(11)は、この選択肢の支持者が顕著に増加したことも強調しているが、選択肢間の共通性は失われており、参考にならないと思われる。

(13) そもそも、1994年調査では「わからない・一概にいえない」も大幅に減少しており、「場合によっては」、「やむを得ない」の増加はこのためであるとも考えられる。

(14) 以下、本文は、検討会議事録の内容を要約したものである。

(15) 日本弁護士連合会「死刑制度に関する政府世論調査に対する意見書」(2018年)7頁。

(16) 河合幹雄=葛野尋之=木下麻奈子=平山真理=久保秀雄=木村正人「刑罰とりわけ死刑に関する全国意識調査基本報告書」桐蔭法学22巻1号(2015年)50頁。

(17) 山崎優子=石崎千景=サトウタツヤ「死刑賛否に影響する要因と死刑判断に影響する要因」立命館人間科学研究29号(2014年)86頁。

(18) 内閣府調査は調査員が訪問して行う対面調査、河合らの調査は調査票を郵送後日回収する形式、山崎らの調査は大学の授業中に質問紙に回答する方式であった。

(19) 辻本義男「死刑存廃論議と世論」中央学院大学法学論叢3巻2号（１９９０年）66頁。
(20) 例えば、佐藤舞＝木村正人＝本庄武「死刑をめぐる『世論』と『輿論』」福井厚編『死刑と向きあう裁判員のために』（現代人文社、２０１１年）65頁では、50名の参加者のうち審議前と審議後で死刑に対する態度を改めた者が20名いたが、存置方法に変化した者と廃止方向に変化した者は、それぞれ約10名であった。
(21) 死刑制度に関する世論調査についての検討会「第1回議事録」（２０１４年）17頁〔吉野諒三発言〕。
(22) 佐藤舞「日本の世論は死刑を支持しているのか」法時87巻2号（２０１５年）63頁、「世論という神話」世界８７９号（２０１６年）１８３頁。See also Mai Sato, The Death Penalty in Japan: Will the Public Tolerate Abolition?, Springer VS, 2014.
(23) 平川宗信「死刑の存廃は世論で決まる問題か」佐伯千仭＝団藤重光＝平場安治編『死刑廃止を求める』（日本評論社、１９９４年）61頁。
(24) 宮澤節生「日本のポピュリズム刑事政策」浜井編・前掲注（５）89頁など参照。
(25) Roger Hood & Carolyn Hoyle, The Death Penalty: A Worldwide Perspective, 5th ed., Oxford University Press, 2015, at 428.
(26) デイビッド・T・ジョンソン（笹倉香奈訳）『アメリカ人のみた日本の死刑』（岩波書店、２０１９年）１４３頁。
(27) 「市民的及び政治的権利に関する国際規約第40条1(b)に基づく第5回政府報告に関する自由権規約委員会の統括所見」（２００８年）パラ16。
(28) フランスで、世論調査において存置派が多数を占めている状況において１９８１年に死刑が廃止されたのは、選挙期間中から死刑廃止を公言していたミッテラン大統領が当選したことが大きな契機であった。伊藤公雄「死刑廃止に至るフランスの道」伊藤公雄＝木下誠編『こうすればできる死刑廃止』（インパクト出版会、１９９２年）4頁。
(29) 長井圓「世論と誤判をめぐる死刑存廃論」神奈川法学31巻2号（１９９７年）4頁は、死刑存置の世論に反対して死刑廃止の正当性を主張することは、世論等の反対を無視しえないがゆえの反論なのであり、その反論は国民が合理的に判断して意見を変動しうることを前提とするものであるから、国民を衆愚とみるものではない、と主張する。しかし、国民を説得の対象とするのは、国民が合理的判断を行っていないという見方を前提としており、その意味で衆愚と見ているともいえるように思われる。

(30) 宇野重規『民主主義とは何か』(講談社、2020年)247頁は、民主主義とは選挙を通じて国民の代表者を選ぶことだという考え方と、民主主義とは自分たちの社会の課題を自分たち自身で解決していくことだという考え方は、対抗的でありつつも相互補完的に捉えるべきだ、とする。

(31) 井上宏「死刑の合憲性を認めた法廷意見にくみしながら立法的施策を提言した最高裁判決の補足意見について」ひろば47巻2号(1994年)45頁。

(32) 佐々木光明＝前田朗＝宮本弘典「死刑合憲の論理を検証する」佐伯ほか編・前掲注(23)177頁も参照。

(33) 本庄武「裁判員制度と死刑の適用基準」『理論刑法学の探究⑨』(成文堂、2016年)107頁。

(34) 最決令1・7・1裁判集刑事326号63頁、最決令1・12・2裁判集刑事327号17頁。本庄武「第一審の死刑判決を量刑不当として破棄した控訴審判決の刑の量定が維持された2件の事例」新・判例解説Watch27号165頁も参照。

(35) The Sankei News「裁判員『永山基準、見直すべきだ』新潟女児殺害、無期判決」(2022年5月8日アクセス、https://www.sankei.com/article/20191204-M7HXCHW27JNQFNMRH5RTZPSIXM/)。

(36) 筆者の見方については、本庄武「裁判員裁判と量刑、そして死刑」一橋大学刑事法部門編『裁判員裁判の現在』(現代人文社、2021年)97頁を参照。

(ほんじょう　たけし・一橋大学教授)

第7章　再審請求中の死刑執行と再審請求手続

葛野尋之

1　問題の所在

再審請求中の死刑確定者について死刑を執行する例が、近年、顕著に増加している。かつて、実務においては再審請求の「手続が終了するまで死刑の執行をしないのが通常である」ともいわれていた[1]。しかし、１９９９年には1件の執行が確認されており、その後、２０１７年に3件の執行が、２０１８年には10件の執行が報告されている[2]。

刑訴法４４２条は、「再審の請求は、刑の執行を停止する効力を有しない。……」と定めており、法務大臣の死刑執行命令に関する刑訴法４７５条も、「判決確定の日から6箇月」経過後において再審請求によって執行命令が制限されることを明記してはいない。日本政府は、再審請求中の執行を停止すべきという規約人権委員会の勧告に対して、再審請求中に執行できないというのでは、請求が繰り返される限り永久に執行が不可能となり、また、個々の事案についても記録などを精査し、再審開始の事由があるかなどを検討しているとして、請求中の執行も認められるとの見解を表明している[3]。

死刑事件も誤判（本稿においては、「誤った犯罪事実の認定に基づく有罪判決」を意味するものとして用いる）の可能性から免れることはできない。誤判に基づく死刑の執行は「どんなことがあろうとも絶対に許されるべきでない不正義」である。[4] これを回避するためには、通常手続において誤判を生じさせないための手続保障が徹底されなければならないことに加え、死刑判決の確定後においても、誤判を匡正するための制度が備えられ、十全に機能するようにしなければならない。確定後の誤判匡正を担うのが再審制度である。[5]

再審を請求している最中に死刑を執行されると、再審を請求していた死刑確定者は、誤判からの現実的救済を受ける機会を失うことになる。再審請求権が誤判からの現実的救済にとどまらない、誤判の匡正を求める権利としての本質を有するにしても、再審請求権の保障において、誤判からの現実的救済は重大な意義を有している（以下、誤判からの現実的救済に関する文脈においては、刑の執行が終了していない時期の再審請求を問題にする）。死刑確定者にとって、誤判からの現実的救済は自己の生命剥奪の阻止を意味するものであるから、再審請求権の保障におけるその意義はひときわ重大である。最近、再審請求中の執行を違法とする見解もみられる一方、[6] 国に対して再審請求中には死刑執行に応じる義務がないことの確認を求める公法上の法律関係等の地位確認訴訟において、再審請求中に死刑を執行されない法的地位ないし権利は認められないとした裁判例もある。[7]

再審請求中の死刑執行が増加するなかで、再審請求中の執行が本当に適法といえるのかをあらためて検討する必要がある。また、再審請求中の執行が違法とされたとき、死刑執行による請求人の死亡後、その請求手続はどのように扱われるべきかも問題となる。本稿は、これらの問題に検討を加える。検討の射程は、「有罪の言渡を受けた者」（刑訴法４３９条１項２号）が再審を請求した場合である。

再審請求中の死刑執行は、誤判の匡正を求める請求人から誤判からの現実的救済を受ける機会を奪う点において、死刑確定者に対して再審請求権を保障した趣旨に適合せず、また、刑訴法の保障する再審請求権を侵害するというにとどまらず、憲法32条の保障する裁判を受ける権利の侵害にも当たり、憲法による個人の尊重および生命・身体の自由の保障（13条）、さらには適正手続の保障（31条）の趣旨にも反している。これらの点からすれば、再審請求中の死刑執行は違法であって、その違法性は重大である。再審請求は、誤判からの現実的救済にとどまらず、誤判の匡正を求めるという目的を有しており、また、本来あるべきでなかった違法な死刑執行により請求人が死亡したときに、請求人の死亡を理由にして再審請求の効力が失われるとすることは背理である。それゆえ、請求中に死刑が執行された場合、請求手続が終了するとすべきではない。請求人の死亡後は、弁護人が請求手続の追行を担いつつ、請求手続が継続すべきことになる。本稿は、これらのことを明らかにする。

２　再審請求権と請求中の死刑執行

⑴　再審請求権の基礎

刑訴法４３９条は、「有罪の言渡を受けた者」（以下、「有罪判決確定者」）に対して再審請求をする権利を保障している。この再審請求権は、誤った犯罪事実の認定に基づく有罪の確定判決を受けた者が、誤判の匡正を求める権利である。

刑事裁判は誤判の可能性から完全に免れることはできない。それゆえ、再審は、「非常救済手段とはいえ、裁判には不可欠な制度」である。(8)憲法39条が二重の危険の禁止を定めたことにともない、不利益再審が禁止されたことによって、再審は端的に誤判からの「無辜の救済」のための制度として性格づけられた。(9)誤判の匡正ないし無辜の救済に向けて再審制度が有効に機能するためには、まずもって再審請求権が十全に保障されなければならない。

誤判の匡正を求める権利は、誤判を受けることのない権利（the right against wrongful conviction）から派生するものである。誤判を受けることのない権利は、個人の尊厳ないし人格の自律性の尊重という根源的価値に由来する。(10)個人の尊厳ないし人格の自律性は、個人の生命・身体の自由によって支えられているところ、正当な理由によることなく、国が個人の生命・身体の自由を剥奪することを許さない。誤判は、まさに正当な理由によることなく、刑罰を通じて、個人の生命・身体の自由を奪うものであるから、誤判を受けることのない権利は、生命・身体の自由の基本的保障として働くものである。

誤判は、誤った犯罪事実の認定に基づく有罪判決を言い渡された当人たる個人に対して、刑罰による生命・身体の自由の剥奪をはじめとして、重大な不利益をもたらす。この不利益は法的なものだけでなく、事実上の不利益をも含む。また、誤判による不利益は、本人だけでなく、その家族などにも及ぶ。この不利益の賦課を正当化することはできない。とはいえ、このような功利主義的根拠だけが、誤判を受けることのない権利を基礎づけているのではない。

権利論の観点からすると、自由な民主的社会においては、個人の尊厳ないし人格の自律性こそが至上の価値として認められるべきところ、上記のように、誤判は、正当な理由によることなく、国が個人の尊厳ないし人格の自律性を支える個人の生命・身体の自由を剥奪することにほかならないから、誤った有罪判決および無辜の処罰こそがとりわけ回避しなければならない目標とされる。誤った有罪判決によってもたらされる道徳的害悪は、真犯人を誤って処罰しないことによって生じる害悪よりもはるかに重大なのである[11]。それゆえ、誤った有罪判決および無辜の処罰の回避は、強い道徳的・政治的要請となるのである。

このように理解するとき、誤判を受けることのない権利から派生する誤判の匡正を求める権利としての再審請求権は、たんに刑訴法上の権利として保障されているのではなく、憲法による生命・身体の自由（13条）、さらには財産権（29条1項）の保障に根ざしたものであり、また、法律の定める適正な手続による刑罰の具体的実現を定めた憲法31条に由来するものといえよう。より根源的には、個人の尊重を保障する憲法13条から導き出されるものだというべきであろう[12]。

死刑確定者が誤判の匡正を求めるとき、その再審請求権の重要性は、他の場合に比してひときわ高いというべきである。権利論の観点からすれば、生命に対する権利こそは至高の価値を有しており、誤判による刑罰のなかでも、誤判による死刑こそが最大の道徳的・政治的害悪だからである。

(2)　再審請求権と裁判を受ける権利

再審請求権はまた、憲法32条が保障する裁判を受ける権利を再審請求という場面において具体化したものでもある。

裁判を受ける権利とは、「すべての人が平等に、政治部門から独立の公平な裁判所の裁判を求める権利を有するということ（民事、行政事件の場合）、および、そのような裁判所の裁判によるのでなければ刑罰を科せられないこと（刑事事件の場合）を意味」し、前者は「司法拒絶」の禁止として捉えられ、後者は「31条の定める適正手続の要請でもあり、さらに憲法37条１項が重ねて規定するところ」だとされる。この権利は、裁判所による違憲審査権が認められているところでは、「人権保障のための手続上の権利」の性格を強く帯びることになり、「基本権を確保するための基本権」というべき性質を有するものとされる。[13]

憲法32条にいう「裁判」がなにを意味するかについて、かつて最大判昭31・10・31[14]は、ある事件を処理するのに訴訟手続によるか非訟手続によるかは立法政策の問題であるとの立場をとり、調停に代わる裁判（強制調停）を非訟手続によることを合憲とした。しかし、その後、最大判昭35・7・6[15]は、「性質上純然たる訴訟事件につき、当事者の意思いかんに拘わらず終局的に、事実を確定し当事者の主張する権利義務の存否を確定するような裁判が、憲法所定の例外の場合を除き、公開の法廷における対審及び判決によってなされないとするならば、それは憲法82条に違反すると共に、同32条が基本的人権として裁判請求権を認めた趣旨をも没却する」と判示し、強制調停を違憲とした。この判示は、「法律上の実体的権利義務自体を確定することが固有の司法権の主たる作用」であるとの理解を前提として、「事実を確定し当事者の主張する権利義務の存否を確定するような裁判」こそが「訴訟事件」であって、「訴訟事件」の裁判は公開の対審・判決によるべきとするのが憲法82条であり、憲法32条は、「訴訟事件」についてそのような裁判を受ける権利を保障しているとするものである。憲法32条にいう「裁判」と憲法82条の保障する公開の対審・判決によるべき「裁判」とを同一視するのである。[16]

最大判昭42・7・5[17]は、刑事再審の請求手続について、「憲法82条は、刑事訴訟についていうと、刑罰権の存否ならびに範囲を定める手続について、公開の法廷における対審および判決によるべき旨を定めたものであって、再審を開始するか否かを定める手続はこれに含まれない」と判示した。再審請求手続が、憲法82条のもとでの公開の対審・判決による裁判の保障の埒外にあるとするならば、前記最高裁判決とあわせ考えたとき、再審請求手続については、憲法32条による裁判を受ける権利の保障も及ばないということになる。

前記大阪地判令2・2・20は、再審請求中の死刑確定者は死刑を執行されることのない法的地位ないし権利を有しているとの原告の主張に対して、最大判昭42・7・5を参照しつつ、「憲法32条は、何人も、裁判所において裁判を受ける権利を奪われない旨規定するところ、これを刑事訴訟についてみると、刑罰権の存否及び範囲を定める手続について、独立した公平な裁判所の公開法廷における対審及び判決によるべきであることを定めたものと解するのが相当である……。そうすると、独立した公平な裁判所において公開・対審の訴訟手続による確定判決を受けた場合において、その後の非常救済手続である再審手続の審理が終了しない間に死刑が執行されたとしても、憲法32条が保障する裁判を受ける権利が侵害されたということはできない」とした。憲法32条の保障する「裁判」は、「公開・対審の訴訟手続による確定判決」による裁判をいうのであって、再審請求手続については同規定による裁判を受ける権利の保障が及ばないとしたのである。

しかし、憲法32条にいう「裁判」を憲法82条により公開の対審・判決によることが保障されるべき訴訟事件の裁判に限定するという最高裁判例の立場は、憲法学説から、広く批判されるところとなった。[18] この批判は、訴訟の非訟化という流れのなかで強まった。公開・対審の手続が適当でない事件は、訴訟事件か、非訟事件かという形式的区別によってではなく、事件の内容・性質によって決まると考えるべきであって、憲法32条は、「公開・対審をあくまでも基本原則とし、しかし、それを唯一絶対とせず、すべての裁判について、その事件の性質・内容に応じた最も適切な手続によるべきことを要求する」ものだと理解すべきとするのである。[19]

このような立場からすると、刑事事件についても、憲法32条の保障する「裁判」が、公開の対審・判決によるべき「刑罰権の存否及び範囲を定める手続」に関するものに限定されるということにはならない。刑訴法において、再審請求手続が、再審を開始するかどうかを決定するために、確定有罪判決を支えた旧証拠を再評価したうえで、請求人の提出した新証拠が「無罪……を言い渡（す）……べき明らかな証拠」（刑訴法435条6号）に当たるかを判断するという手続の性質に応じて、公開の対審・判決によらないものとされたのだとしても、請求人がその誤判を匡正する権利を具体的に実現するために、再審請求に対する裁判所の裁判を求める手続として、その性質と憲法的意味における重要性に相応しい適正さを確保したものでなければならない。このような適正な手続による裁判を、憲法32条は保障しているものと理解すべきである。このような理解に立つとき、再審請求権は、たんに刑訴法により保障される権利というだけではなく、憲法32条により保障される裁判を受ける権利を再審請求の場面において具体化したものだということになる。

⑶　再審請求権と再審公判の裁判にアクセスする権利

再審請求権が憲法32条の保障する裁判を受ける権利を再審請求の場面において具体化したものであることは、再審制度の二段階構造、そのなかでの請求手続における請求人の能動的立場からもいえることである。

再審公判は、公開の対審手続を通じた判決によって被告人の罪責と有罪の場合の量刑を判断する手続であるから、憲法32条の保障する公開の対審・判決によるべき「刑罰権の存否及び範囲を定める手続」(最大判昭42・7・5)にほかならず、憲法32条による裁判を受ける権利の保障が及ぶべき手続であることに疑いはない。翻って、裁判へのアクセスが十全に保障されない限り、裁判による法的救済を確保することはできないことからすると、もともと、憲法32条の保障する裁判を受ける権利は、裁判所の裁判にアクセスする権利の保障を含むものとして理解すべきである。このことは、民事事件の裁判を受ける権利について、憲法32条が「司法拒絶」の禁止を定めているとする理解と重なるものであるが、同規定の英文が、裁判を受ける権利を"the right of access to the courts"と表現していることからもいえることである。[20]

再審請求権は、再審公判の裁判にアクセスする権利として捉えることができる。刑訴法の定める再審制度において、請求手続は、請求人の提出した新証拠が「無罪……を言い渡(す)……べき明らかな証拠」(435条6号)に該当することなど、再審の請求に理由があるかどうかを判断し、理由があると認めたときに再審の開始を決定する手続である(448条1項)。この開始決定によって、再審公判が開始される(451条1項)。請求人は、請求手続を通じて裁判所の開始決定を得たときに、再審公判の裁判を受けることになるのである。

刑事事件の通常手続においては、公判手続を始動させる公訴提起の権限を検察官が有しており、検察官が公訴を提起すると、被告人は応訴を強制される立場におかれる。被告人は防御の主体であるにせよ、手続の開始という点についてみると、受動的立場にある。これに対して、再審公判は、請求人が再審を請求し、裁判所が再審開始を決定することによって始動する。請求手続の開始において、請求人は能動的立場にあって、この請求人の立場は、民事事件の裁判における原告の立場と共通性を有している。民事事件について、憲法32条は裁判にアクセスする権利を保障し、「司法拒絶」を禁止している。

このような再審制度の二段階構造、そのなかでの請求手続における請求人の能動的立場からすると、請求手続は、まさに請求人が再審公判の裁判にアクセスするための手続だということができる。再審公判の裁判を受ける権利を保障するためには、それにアクセスするための手続たる請求手続の利用が、十全に保障されなければならない。請求手続の利用が十全に保障されなければ、いくら再審公判の裁判を受ける権利を保障したといっても、それは形骸化を免れえない。憲法32条が再審公判の裁判を受ける権利を保障するとき、その保障は、この裁判にアクセスするための請求手続を十全に利用する権利をも包含しているというべきなのである。そうであるならば、再審請求権は、再審公判の裁判にアクセスする権利として、憲法32条の裁判を受ける権利を具体化したものだということができる。[21]

かりに、一連の最高裁判例に従って、憲法32条が保障する裁判は、公開の対審・判決によるべき「刑罰権の存否及び範囲を定める手続」に関するものに限定されるとし、再審公判についてのみ同規定による裁判を受ける権利の保障が及ぶことになるとの前提に立ったとしても、請求手続には少なくとも憲法32条による裁判を受ける権利の保障の趣旨が及ぶものと理解すべきであろう。請求人は請求手続を通じて裁判所の開始決定を得てこそ、再審公判の裁判を受けることができるという点において、請求手続が再審公判の裁判にアクセスするための手続であることはたしかであって、請求手続は再審公判の裁判と密接に関連する手続だからである。

3　再審請求中の死刑執行の違法性

⑴　死刑執行による再審請求権の侵害

再審請求権が、刑訴法上の権利（刑訴435条・439条1項2号）であるにとどまらず、誤判の匡正を求める権利として、憲法13条・31条に基礎づけられた誤判を受けることのない権利から派生したものであり、さらにそれは、憲法32条の保障する裁判を受ける権利を再審請求の場面において具体化したものであるとするとき、再審請求中の死刑執行は違法であって、その違法性は重大だというべきである。

再審請求権は、たしかに、誤判からの現実的救済にとどまらない、誤った犯罪事実の認定に基づく有罪判決の匡正を求める権利としての本質を有している。そうとはいえ、再審請求権において、有罪判決確定者に対して誤判からの現実的救済を保障することは、特別に重大な意義を有している。刑訴法439条1項4号において、「有罪の言渡を受けた者……の配偶者、直系の親族及び兄弟姉妹」が再審の請求をできるのは、「有罪の言渡を受けた者が死亡し、又は心神喪失の状態に在る場合」に限られているのは、再審請求権の帰属主体として、「有罪の言渡を受けた者」に対して特別に重要な位置を与えていることの現れだといえよう。それは、「有罪の言渡を受けた者」こそが、誤判による刑罰を実際に科された主体であるからであって、再審請求権の保障において、誤判からの現実的救済が重大な意義を有しているからであろう。死刑確定者にとって、誤判からの現実的救済は自己の生命剥奪の阻止を意味するものであるから、再審請求権の保障におけるその意義はひときわ重大である。

国が、再審請求中に死刑を執行することは、誤判の匡正を求める請求人から、誤判からの現実的救済を受ける機会を奪うものにほかならない。死刑執行によって、誤判からの現実的救済を受けるべき主体たる再審請求人の生命が奪われるからである。この点において、請求人の再審請求権（刑訴435条・439条1項2号）を侵害することになる。それはまた、憲法32条の保障する裁判を受ける権利の侵害にも当たる。さらには、誤判の匡正を求める権利を基礎づけている憲法による個人の尊重と生命・身体の自由の保障（13条）および適正手続の保障（31条）の趣旨にも反する。

国が死刑確定者に対して再審請求権を保障する以上、本来、国は、死刑確定者の再審請求権を尊重すべき義務を負っている。再審請求は、国の機関たる裁判所による確定判決について、裁判所に対して再審の開始を求めるものであるから、請求人にとって、国はその実質的な相手方といえる立場にある。死刑確定者に対して再審請求権を保障する一方で、死刑確定者が自ら再審請求権を行使している最中に、再審請求の実質的な相手方たる国がその確定者の死刑を執行し、再審請求権の帰属主体たる人の生命を奪い、誤判からの現実的救済を受ける機会を失わせることは、死刑確定者の再審請求権を尊重すべき義務に反するものであって、死刑確定者に対して再審請求権を保障した趣旨とまったく相容れない。

以上のように、再審請求中の死刑執行は、誤判の匡正を求める請求人から、誤判からの現実的救済を受ける機会を奪う点において、請求人の再審請求権を侵害する（刑訴４３５条・４３９条1項2号）。それは同時に、請求人の裁判を受ける権利（憲法32条）の侵害にも当たり、さらに、個人の尊重と生命・身体の自由の保障（同13条）および適正手続の保障（同31条）の趣旨にも反する。また、再審請求中の死刑執行は、死刑確定者に対して再審請求権を保障した趣旨とも相容れない。これらのことからすれば、再審請求中の死刑執行は違法であって、その違法性は重大である。

かりに、再審請求手続については憲法32条の裁判を受ける権利の保障が直接及ぶことはなく、その趣旨が及ぶにとどまるとの理解に立ったとしても、再審請求中の死刑執行が違法であって、その違法性が重大であることに変わりはない。

⑵　現行法規定の解釈における基本的視座

刑事訴訟法のなかには、一見すると、再審請求中であっても請求人の死刑を執行することを禁じていないかのような規定が存在する。これらの規定から、再審請求中の死刑執行も許されるとの結論を導き出し、もって再審請求中の死刑執行は適法であるとする立場もある。しかし、このような立場は、再審請求権の憲法的意味における重要性、そして再審請求中の死刑執行による請求人の再審請求権の侵害という問題の本質を看過しているものといわざるをえない。

前記のように、再審請求権（刑訴435条・439条1項2号）は、誤判の匡正を求める権利として、憲法13条・31条に基礎づけられた誤判を受けることのない権利から派生したものであり、さらにそれは、憲法32条の保障する裁判を受ける権利を再審請求の場面において具体化したものである。再審請求権のこのような憲法的重要性からすれば、再審請求中の死刑執行は誤判の匡正を求める請求人から誤判からの現実的救済を受ける機会を奪うという点において、請求人の再審請求権を侵害する違法なものでないかということこそが先決問題であって、現行法の規定は、この先決問題についての結論に適合するように解釈されなければならない。

先に確認したように、再審請求中の死刑執行は、請求人の再審請求権を侵害する違法なものであって、同時にそれは、憲法32条の保障する裁判を受ける権利の侵害でもあり、また、憲法13条・31条の保障の趣旨にも反している。それゆえ、現行法の規定は、再審請求中の死刑執行が違法であるとの結論に沿って、それと矛盾しないよう解釈されなければならない。

⑶　刑訴法４４２条の解釈

刑訴法４４２条本文は、「再審の請求は、刑の執行を停止する効力を有しない。但し、管轄裁判所に対応する検察庁の検察官は、再審の請求についての裁判があるまで刑の執行を停止することができる」と定めている。同規定の本文からすると、再審請求は死刑の執行を停止する効果を有せず、それゆえ、再審請求中の死刑執行も違法ではないかにみえる。

たしかに、同規定の本文は、再審請求が刑の執行停止の効力を有しないことを明記している。しかし、死刑の場合と自由刑・財産刑の場合とを、等しく扱うべきではない。死刑の場合には、刑が執行されると、再審請求権の帰属主体たる人の生命が失われることになる。それにともない、請求人たる死刑確定者は、誤判からの現実的救済を受ける機会を失う。上記のように、国が再審請求中に死刑を執行することは、誤判の匡正を求める請求人から誤判からの現実的救済を受ける機会を奪う点において、死刑確定者の再審請求権を侵害するものである。

これに対して、自由刑・財産刑の場合であれば、再審請求中に刑の執行が停止されなくとも、再審請求権の帰属主体たる人が存在しなくなるわけではないから、有罪判決確定者から誤判からの現実的救済を受ける機会が奪われることはない。したがって、有罪判決確定者の再審請求権が侵害されることにはならないのである。

再審請求中の死刑執行は、請求人たる死刑確定者の再審請求権を侵害するものであって、再審請求権を尊重すべき国の義務に反するものであるから、違法であり、その違法性は重大である。それゆえ、再審請求が刑の執行停止の効力を有しないとする刑訴法442条本文は、死刑の場合を除外するものとして解釈されなければならない。再審請求がなされたときに、再審請求中の死刑執行が重大な違法性を有するにもかかわらず、執行は停止されないとすることは、背理である。

再審請求中の死刑執行が違法であることからすれば、本来、検察官は、同規定但書に基づき、「再審の請求についての裁判があるまで刑の執行を停止」すべき義務を負っているというべきであろう。刑訴法479条は、死刑確定者が「心神喪失の状態に在るとき」（1項）または「死刑の言渡を受けた女子が懐胎しているとき」（2項）は、「法務大臣の命令によつて執行を停止する」と定めており、これらの事由による死刑の執行停止は「法務大臣の命令」によるとしているところ、再審請求を理由とする刑の執行停止については、刑訴法442条但書によって検察官の処分としてなされることとしても、執行停止の事由に差異があり、また、有罪判決確定者に利益な再審の請求をなしうるなど（刑訴439条1項）、再審請求手続において検察官が「公益の代表者」（検察4条）としての地位にあることからすれば、問題はないといえよう。

(4) 刑訴法475条の解釈

刑訴法475条は、1項において、「死刑の執行は、法務大臣の命令による」としたうえで、2項において、「前項の命令は、判決確定の日から六箇月以内にこれをしなければならない。但し、上訴権回復若しくは再審の請求、非常上告又は恩赦の出願若しくは申出がされその手続が終了するまでの期間及び共同被告人であつた者に対する判決が確定するまでの期間は、これをその期間に算入しない」と定めている。この2項の規定からすると、再審の請求によって法務大臣の執行命令が制約されるのは、判決の確定から6か月以内に限られ、6か月経過後は、再審請求中であっても執行命令に制約はないようにもみえる。

しかし、もともと、刑訴法475条2項における「六箇月以内」の執行命令（本文）は、法的拘束力を有しない訓示にとどまるものであって[22]、その期間に再審請求期間を「参入しない」こと（但書）それ自体が、大きな意味を有するわけではない。そうすると、但書の実質的意義は、列挙された手続の結果いかんにより確定判決に影響が及ぶ場合もありうるため、生命の尊重という趣旨から、これらの手続が終了するまでは執行命令を発しないことを期待してこのように規定されたという点にあるというべきである。

刑訴法475条2項は、判決確定から6か月経過後の執行については、直接にはなんら規定しているものではないところ、但書の規定をもとに、６か月経過後であれば、列挙された手続終了前であっても執行命令を発することになんら制約はないとすることはできない。同規定本文による「六箇月以内」の執行命令は訓示規定であるとの理解に立ち、６か月経過後の執行命令をも認める以上は、手続の結果いかんにより確定判決に影響が及ぶ場合がありうることは、判決確定から６か月経過後についても同じく妥当するのであるから、同規定の趣旨としては、生命の尊重という観点から、６か月経過後においても、手続終了前には執行命令を発しないことこそが期待されているというべきであろう。[23] このような理解に立つとき、再審請求中の死刑執行は請求人の再審請求権を侵害するものとして違法であって許されないとすることと、刑訴法４７５条２項の規定とのあいだにまったく矛盾はない。

また、再審請求中の死刑執行が許されないとすることは、死刑の執行が請求人の再審請求権を侵害する違法な執行であるがゆえのことであって、行政の裁量的な判断によって裁判の執行を行わないということではない。それゆえ、裁判とその執行をめぐる司法と行政との関係という観点からも、問題は生じない。むしろ、再審請求中の死刑執行は、行政の判断による執行をもって、請求人から、裁判所の判断による誤判からの現実的救済の機会を奪うものである。再審請求中の執行が、再審請求権（刑訴４３５条・４３９条１項２号）の侵害にとどまらず、憲法32条の保障する裁判を受ける権利の侵害にも当たるというのは、このことを意味している。

⑸　再審請求の繰り返しと死刑執行

再審請求中の死刑執行が違法であって、許されないということとなれば、死刑確定者が再審請求を繰り返す限り、永久に執行ができなくなることになるから、請求中の執行が許されないとすることは不合理であるとする意見がある。本稿冒頭において示したように、日本政府も、自由権規約委員会に対して、このような意見を表明している。

しかし、刑訴法447条2項は、請求棄却の「決定があつたときは、何人も、同一の理由によつては、更に再審の請求をすることはできない」と定めており、同一の理由による請求の繰り返しを禁じているのみであって、「同一の理由」によるものでない以上、再度の請求を認めるというのが刑訴法の立場である。そうであってこそ、誤判の匡正という目的に向けての再審制度の十全な機能が保障されるというべきであろう。実際、再審無罪が確定した死刑事件4件を含め、これまでの再審開始の決定の多くは、複数回の請求の結果としてなされたものであった。そうであるならば、複数回の請求は、「同一の理由」によるものと裁判所が認める限りにおいて制限されるべきであって、再度の請求によって死刑執行の機会が制限されたとしても、そのことは、確実な誤判の匡正のために複数回の再審請求を認めていることの帰結として受容されなければならない。

日本政府の第5回定期報告に対する自由権規約委員会の総括所見は、「死刑事件の再審請求や恩赦の出願による執行停止効を確保すべきである」としたうえで、「執行停止の濫用を防止するため、恩赦の出願の回数には制限が設けられてもよい」としており(para.17)[24]、恩赦出願の回数制限に言及しながらも、再審請求の回数制限には触れていない。同総括所見の趣旨も、再審請求中の施行は停止されるべきことを前提として、再審請求については回数を制限してはならないというものだといえよう。

4 再審請求中の死刑執行と請求手続の継続

(1) 請求人死亡による請求手続の終了

再審請求中の死刑執行は、請求人の再審請求権を侵害するものであって、違法である。この前提に立ったとき、死刑執行により請求人が死亡した場合、請求手続は終了することになるのか。再審開始の決定が確定した事件については、「有罪の言渡を受けた者が、再審の判決がある前に、死亡し（た）……とき」でも、再審手続が継続するものとされている（刑訴法４５１条2項2号）。しかし、請求手続中に請求人が死亡したときについては、死刑執行による場合も含め、規定がない。

請求人の死亡により請求手続は終了するという見解が有力である。[25] 三鷹事件の死刑確定者が再審を請求し、再審請求中に死刑執行によるのではなく死亡した事案について、東京高決昭42・６・７[26]は、請求人の死亡は請求手続にいかなる効力も与えないとする弁護人の主張に対して、請求手続の「基本的な性格は裁判所対再審請求者の関係」であって、裁判所は再審請求について決定する場合には請求人から意見聴取をする必要があること（刑訴規２８６条）、決定謄本を請求人に送達しなければならないことをあげて、「この手続段階における請求者の存在は欠くことのできない要素であるといわなければなら」ず、そのことからすれば、請求人の「死亡によつて手続は本質的な形を失い、ひいて当該請求事件は実質上終了せざるを得ない」と判示した。同決定はさらに、刑訴法には請求人の地位の継承を認める根拠規定は存在せず、再審請求について民事訴訟のような権利ないし訴訟物の継承という観念を容れる余地はなく、また、刑訴法４４０条2項が、再審請求する場合の弁護人の選任について、「再審の判決があるまでその効力を有する」と定めているのは、総則の規定の適用がないため、弁護人選任の効力の存続を示した点においてのみ意味を有しているものと判示した。

最高裁判例としても、最決平３・１・25[27]は、旧刑訴法の適用のある再審請求事件において請求人が特別抗告申立中に死刑執行によるのではなく死亡した事案について、「旧刑訴法及び刑訴応急措置法には、……中立人の親族らに対し、中立人の再審請求権者たる地位の継承を認める規定はないから、本件再審請求事件の手続は、中立人の死亡により終了したものといわなければならない」とした。

さらに、最決平16・８・24[28]は、死刑確定者による再審請求事件において請求人が特別抗告中に死刑執行によるのではなく死亡した事案について、とくに理由を述べることなく、「本件再審請求事件の手続は、申立人の死亡によって終了したものというべきである」とした。

再審請求中の死刑執行により請求人が死亡した場合についての裁判例として、菊池事件（藤本事件）に関する福岡高決昭38・3・15[29]がある。裁判所が菊池事件の再審請求を棄却した翌日、請求人の死刑が執行されたため、請求人の母親および長女が請求棄却決定に対する即時抗告の申立をなした事案について、同決定は、根拠規定がないことを理由にして、「再審の請求が棄却された後、同請求人が死亡した場合、その請求人の母及び子などその直系の親族は、新に再審の請求をすることはできるにしても、それらの者が右死亡した請求人の地位を承継し、若しくは独立して該請求棄却の決定に対しこれを不服として即時抗告を為し得るに至るものとは到底解することができない」と判示し、即時抗告を違法なものとして棄却した。同決定は、死刑執行による請求人の死亡により請求手続が終了すると判示したわけではないが、請求人の死亡後、直系親族が請求人の地位を継承することは認められないとしたのである。

(2) 請求人死亡後の請求手続の継続

請求人の死亡により請求手続が終了するとの見解に対して、請求人死亡後も請求手続は継続するとする見解も存在した。継続を認める見解は、とくに死刑執行による場合を想定していたわけではなく、請求人の死亡一般について論じたものであったが、その理は、当然のことながら、死刑執行による請求人死亡の場合にも妥当する。

大出良知の見解が代表的である。[30] それによれば、「再審による救済の具体的中身は、事実誤認の匡正であり、その確認自体が、例えば刑の執行からの解放といった現実的効果とは別に重要な意味をもっている」。それゆえにこそ、「有罪の言渡を受けた者」の死亡後も「その配偶者、直系の親族及び兄弟姉妹」による再審請求も認められている（刑訴法４３９条１項４号）。このことを前提とすれば、「いったん、請求が行われた以上、手続的に支障がない限り、再審を開始すべきか否かの判断に最終的な決着がつくまで、請求人が死亡したというだけで、手続が終了するということはありえないと考えるべき」であって、刑訴法に手続の終了を示唆する明文規定がないのも、それゆえのことだとされる。

大出良知は、請求人により弁護人が選任されている場合であれば、請求人死亡の後、手続的支障は生じないとする。すなわち、上記東京高決昭42・６・７が指摘した意見聴取および決定送達についてみると、「請求人に代わってその請求の趣旨を体現し、決定の送達を受ける者がいればよい」のであって、弁護人がその役割を担うことができるとする。刑訴法４４０条２項が再審請求にあたっての弁護人の選任の効力は「再審の判決」まで及ぶとしているのも、「一度の選任行為があれば、いかなる事態にも弁護人が代わって対処しうるという前提」があるからであって、請求人としても、「『再審の判決』までの選任によって、……手続追行の意思を表明している」といえるとするのである。「弁護人による手続の追行ということになれば、承継という観念の是非を問題にする必要もない」という。

再審による誤判匡正の実質が、誤判からの現実的救済にとどまらない、誤った犯罪事実の認定の匡正にあるというのは、正当な理解である。刑訴法４３９条１項が有罪判決を受けた本人の死亡後における近親者による再審請求について規定していることに加え、同法４４１条が刑の執行終了後においても再審請求ができることを認めているのも、再審請求がこのような目的を有するからである。このことを基礎にしつつ、「再審の判決」までの選任の趣旨もあわせて、請求人死亡後における弁護人による手続の追行をみとめる大出良知の見解は、説得力のあるものといえよう。

ところで、刑訴法４５１条は、再審開始の決定が確定した後、「有罪の言渡を受けた者」が、再審の判決前に死亡した……ときも、再審公判の手続が継続するとしているところ（同条2項）、そのように規定されたのは、再審の目的が誤判からの現実的救済にとどまらず、誤った犯罪事実の認定に基づく有罪判決の匡正にあることから、有罪判決を受けた本人が死亡しても、再審の目的は消滅しないからである。同条3項は、その場合には、「被告人の出頭がなくても、審判をすることができる。但し、弁護人が出頭しなければ開廷することはできない」と定めており、請求人が選任した弁護人がいるときは、その弁護人が公判手続の追行を担うものとしており、同条4項は、弁護人がいないときは、「裁判長は、職権で弁護人を附しなければならない」こととしている。このように、同条は、開始決定の確定後については、「有罪の言渡を受けた者」が死亡したときも、公判手続の継続と弁護人によるその追行を認めているのである。そうであるならば、「有罪の言渡を受けた者」が再審を請求した後、裁判所の判断が確定する前に死亡した場合にも、再審請求の目的が誤判の匡正を求めることにある以上、請求手続は終了しないというべきであって、その場合にも、請求人の選任した弁護人がいるのであれば、その弁護人が請求手続の追行を担うものというべきであろう。そのように理解することが、弁護人の選任の効力は「再審の判決」まで及ぶとする刑訴法440条2項にも整合するといえよう。

(3) 旧刑訴法の規定との対比

高田卓爾も、「請求者の生存が請求手続の適法要件であるというのは解釈論として必然的な結論といえるかは問題」であることに加え、「請求した本人が死亡すれば再審が無意味になるというわけでもない」として、請求人死亡による請求手続の終了という見解に疑問を呈していた。また、高田卓爾は、旧刑訴法が不利益再審の場合に限って、有罪判決確定者または元被告人の死亡により再審請求および開始決定が失効するとしていたことを指摘し、このことの「一種の反対解釈」として、利益再審の場合には、請求人の死亡は「何らの影響も与えないと結論することも可能であった」とも述べていた。[31]

旧刑訴法（大正11〔1922〕年5月5日法律第75号）の規定を確認するならば、同法513条は、「第488條ノ規定ニ依リ再審ノ請求ヲ為シタル事件ニ付再審ノ判決ヲ為ス前有罪ノ言渡ヲ受ケタル者又ハ被告人タリシ者死亡シタルトキハ再審ノ請求及其ノ請求ニ付為シタル決定ハ其ノ効力ヲ失フ……」と定めていた。「第488條ノ規定ニ依リ再審ノ請求ヲ為シタル事件」とは、検察官が不利益再審の請求をした事件を指している。

この規定の趣旨について、『刑事訴訟法提案理由書』は、「被告人の不利益のためにした再審請求については、これに対して新たに有罪を言い渡し、または原判決の認めたものより重い刑を言い渡すことができるところ、もし被告人が審理中に死亡したときは、その再審の請求は目的を失うに至るというべきである。それゆえ、再審の請求および再審請求についてした決定は、その効力を失うものとすべきである（引用者が口語化）」と説明していた。[32]また、平沼騏一郎は、判決の「言渡を受けた者の不利益のために再審の請求をした事件について、言渡を受けた者（これには有罪の言渡を受けた者のほか、無罪、免訴もしくは公訴棄却の言渡を受けた者が含まれる。法文においては、これらを合わせて「被告人タリシ者」としている）が再審の判決をする前に死亡したときは、再審の請求およびその請求についてした決定は、効力を失うことになる。すでに死亡した者の不利益のために再審の請求をなしえないことは当然である。言渡を受けた者の不利益のために再審の請求をした後にその者が死亡したときは、請求の目的は消滅する。それゆえ、審理を継続することができないのである。この場合には、別に請求を棄却する裁判をすることはない。請求およびその請求についてした決定は、当然にその効力を失うべきものである（引用者が口語化）」と説いていた。[33]

旧刑訴法513条が、有罪の確定判決を受けた者または無罪、免訴などの判決が確定した元被告人が死亡したときに再審請求がその効力を失うと規定していたのは、検察官がこれらの者に対する不利益再審の請求をした場合に限ってのことであった。前記論説からも明らかなように、検察官が不利益再審を請求した場合において、有罪判決確定者・元被告人が死亡したならば、請求手続において再審開始が決定されたところで、再審公判において被告人とされるべき者がもはや存在しないのであるから、再審公判を開始することはできない。この点において、有罪判決確定者・元被告人の死亡によって、不利益再審の「請求の目的は消滅する」とされたのである。

不利益再審の請求の場合と利益再審の請求の場合とでは、前提が大きく異なっている。再審請求権は、誤判からの現実的救済にとどまらない、誤った犯罪事実の認定に基づく有罪判決の匡正を求める権利としての本質を有しているところ、利益再審を請求した場合には、請求人たる有罪判決確定者が死亡しても、死亡した有罪判決確定者の名誉回復を含む、誤判の匡正を求めるという再審請求の目的は消失しないからである。旧刑訴法513条において、「請求の目的は消滅する」として有罪判決確定者・元被告人の死亡によって再審請求が効力を失うとされたのが、検察官が不利益再審の請求をした場合に限定されていたのは、それゆえのことである。現行刑訴法においては、不利益再審が否定されたことから、不利益再審の請求の場合について規定した旧刑訴法513条に相当する規定はおかれていないが、再審公判については、再審判決前に被告人が死亡しても再審公判は継続すると定められているのも(451条2項2号)、誤判の匡正という利益再審の目的が、被告人の死亡により消滅することがないがゆえのことである。

このように考えると、旧刑訴法が、検察官が不利益再審を請求した場合に限って、有罪判決確定者・元被告人の死亡により請求の効力が失われるとしていたことには、積極的意味があったというべきである。そうであるならば、利益再審のみを認める現行刑訴法が、再審請求中に請求人が死亡したときに請求手続が終了すると規定していないことにも、積極的意味があるというべきであろう。請求人の死亡による請求手続の終了を予定していないのである。

⑷　再審請求中の死刑執行による請求人の死亡

以上のように、再審請求中に請求人が死亡したとしても、本来、請求人の死亡により請求手続が終了するとすべきではない。再審請求にあたり請求人が弁護人を選任している場合には（刑訴法４４０条1項）、請求人の死亡後も、弁護人が手続の追行を担うことによって、請求手続は継続するというべきである。このことは、再審請求中の死刑執行によって請求人が死亡した場合にも妥当する。

しかし、上記最決平16・８・24は、請求人の死亡により請求手続が終了するとしていた。もっとも、同決定は、請求人が請求中の死刑執行により死亡した事案についてのものではない。再審請求中の死刑執行は違法であり、その違法性は重大である。このことからすれば、死刑執行による請求人の死亡の場合と死刑執行によるのではない死亡の場合とでは、前提事実において大きな質的差異があるというべきである。

再審請求中の死刑執行は重大な違法性を有しており、本来、国は死刑執行をすべきではなかった。本来あるべきでなかった死刑執行により請求人が死亡したときに、請求人の死亡を理由にして再審請求の効力が失われるとすることは背理である。たとえ死刑執行により請求人が現実的救済を受ける機会を失ったとしても、再審請求は、それにとどまらない誤判の匡正を求めるという目的を有している。このことからすれば、死刑確定者が再審請求にあたり弁護人を選任していたときは、請求人の死亡後は、弁護人が請求手続の追行を担うことによって、請求手続は継続するというべきである。前記最決平16・８・24の射程は及ばないのである。

実際、死刑執行により請求人が死亡した後も、請求手続が終了したとすることなく、請求理由の有無を判断した例がある。前橋地高崎支決平30・６・25[34]は、死刑確定者が前年の２０１７年6月21日に第四次再審を請求した後、同年12月19日に死刑執行により死亡した事案について、請求人の死亡により請求手続が終了したとすることなく、請求理由が認められるかどうかを判断し、結論において認められないとして、請求を棄却した。検察官は、第四次再審請求が第一次・第二次の各請求と同一の理由によるものであって違法である旨主張していたところ（刑訴法447条2項参照）、同決定はこの主張を退け、「本件再審請求は、その一部に第1回、第2回再審請求と同一の理由による部分を含むものの、……これまでの再審請求手続で審理されていない証拠をも本件証拠として提出されていることからすると、全体としては、第1回、第2回の各再審請求と同一の理由による再審請求に当たるとはいえない」とした。また、大阪地決令1・12・5[35]は、死刑確定者が2017年9月12日に第四次再審を請求した後、翌2018年12月27日に死刑執行により死亡した事案について、請求人が死亡したという事実に言及することも、請求人の死亡により請求手続が終了したとすることもなく、請求理由が認められるかどうかを判断し、結論において認められないとして、請求を棄却した。死刑執行による請求人死亡の場合について、再審請求が終了するとした最高裁判例も、下級審判例もないなかで、これらの決定は請求手続の終了を認めなかった点において、注目されるところである。

5　結語

以上、論じてきたように、再審請求中の死刑執行は違法であって、その違法性は重大である。再審請求中の死刑執行は、誤判の匡正を求める請求人から、誤判からの現実的救済を受ける機会を奪うものである。この点において、請求人の再審請求権（刑訴435条・439条1項2号）を侵害する。再審請求権は、憲法32条の保障する裁判を受ける権利を再審請求の場面において具体化したものであるから、再審請求中の死刑執行は、憲法32条による裁判を受ける権利の侵害にも当たる。それとともに、憲法13条による個人の尊重および生命・自由の保障、憲法31条による適正手続の保障の趣旨にも反している。再審請求中の死刑執行を違法だとすることは、現行法の規定とも矛盾しない。

死刑執行によって再審請求人が死亡した後も、請求人が再審請求にあたり選任した弁護人が、請求手続の追行を担いつつ、請求手続は継続する。再審請求は、誤判からの現実的救済にとどまらず、誤判の匡正を求めるという目的を有している。本来あるべきでなかった違法な死刑執行により請求人が死亡したときに、請求人の死亡を理由にして再審請求の効力が失われるとすることは背理である。弁護人が請求手続追行権を有することは、刑訴法４４０条2項が「再審の請求をする場合」における弁護人の選任の効力は「再審の判決」まで及ぶとしていることとも整合する。

再審請求中に死刑が執行され、請求人が死亡しても、再審請求の効力は失われない。再審請求にあたり請求人の選任した弁護人が請求手続の追行を担いつつ、請求手続は継続する。このことは、再審請求が誤判からの現実的救済にとどまらず、誤判の匡正を目的とすることの帰結である。しかし、死刑執行によって、再審請求権の帰属主体たる人の生命は失われ、誤判の匡正を求めた請求人は、誤判からの現実的救済を受ける機会を奪われる。このことは、死刑確定者に対して再審請求権を保障する一方で、死刑執行によってその権利を侵害することの矛盾を際立たせる。

また、請求人の死亡後、請求人によって選任された弁護人が請求手続の追行を担うことになるところ、有罪確定判決を受けた後、誤判の匡正を求めて再審を請求したその当人である請求人の死亡によって、弁護人は請求手続の追行において大きな困難に直面することになろう。再審請求中の死刑執行は、請求手続における弁護人の弁護権を侵害するといえよう。[36] この点からみても、再審請求中の死刑執行は、誤判の匡正という再審制度の目的に逆行する。

（１）田宮裕『注釈刑事訴訟法』（有斐閣、１９８０年）５１４頁。

（２）田鎖麻衣子「再審請求中の死刑執行」刑弁98号（２０１９年）68頁。

（３）「自由権規約委員会の総括所見（CCPR/C/JPN/CO/6）に対する日本政府コメント」（２０１５年８月）https://www.mofa.go.jp/mofaj/gaiko/kiyaku/index.html

（４）団藤重光『死刑廃止論〔第６版〕』（有斐閣、２０００年）１６０頁。

（５）アメリカにおいて、死刑事件についてスーパー・デュープロセスの保障とともに、死刑判決の確定後にも重層的な誤判匡正の制度が設けられている点が注目される。これについて、岩田太『陪審と死刑』（信山社、２００９年）、小早川義則『デュー・プロセスと合衆国最高裁Ⅲ』（成文堂、２０１３年）２７５頁、田鎖麻衣子「死刑事件における適正手続」刑弁83号（２０１５年）、「（連載）死刑事件と適正手続」法時91巻49号（２０１９年）など参照。

（６）福島至「死刑執行と自由権規約６条４項の保障」判時２４３３号（２０００年）は、日本の恩赦が「他の方法では救い得ない誤判の救済」という「再審請求と同種」の機能をも有しているとの理解から（１４２頁）、死刑確定者の「特赦又は減刑を求める権利」を定める国際自由権規約６条４項は再審請求の権利をも保障しており、再審請求中の執行はこの規定に違反するとする。また、仙台弁護士会「再審請求中の死刑囚に対する死刑執行の停止を求める意見書」（２０２０年８月27日）https://senben.org/archives/8666参照。

（７）大阪地判令２・２・20裁判所ＨＰ。同決定は、法律上の争訟性および確認の訴えの利益を認め、また、行政事件訴訟により刑事判決の取消変更を求めるものでもないとして、訴えの適法性を認めた。

（８）田宮裕「再審の指導理念」鴨良弼編『刑事再審の研究』（成文堂、１９８０年）19頁。

（９）田宮裕『一事不再理の原則』（有斐閣、１９７８年）２９４頁。

（10）Ian Dennis, Law of Evidence (6th ed. 2017) p.p.38-41. イアン・デニスは、死刑が存在しないことを前提にして、「身体の自由」についてのみ言及しているが、本稿は、死刑が存置している場合を想定して、「生命・身体の自由」とした。

（11）Dennis, supra note 10, at 39は、無罪確定者について再度の訴追を禁止する一方、誤判からの無辜の救済については期限を設けないという法制度のなかに、このことが具体化しているとする。
(12) Dennis, supra note 10, at 37は、誤判を受けることのない権利の実定法上の根拠として、個人の自由についての権利および法律に基づく刑罰を保障する欧州人権条約5条・7条をあげている。
(13) 樋口陽一他『注釈日本国憲法（上）』（青林書院新社、1984年）716頁〔浦部法穂〕。
(14) 民集10巻10号1355頁。
(15) 民集14巻9号1657頁。
(16) 最大判昭40・6・30民集14巻9号1657頁。
(17) 刑集21巻6号764頁。なお、最決昭33・5・27刑集12巻8号1638頁は、再審請求手続が非公開であることは「公開裁判を受ける権利」を保障する憲法37条1項に違反するとの弁護人の上告趣意に対して、「一たん公開公判手続を経た確定判決に対する再審を開始するか否かの手続は、公判そのものではなく憲法にいわゆる『裁判の対審』ではないと解しうべき……」と判示しており、再審請求手続が憲法82条1項にいう「裁判」に当たらないとしているが、同決定における「再審は確定判決の効果を動かすものであるから、法は厳格な要件の下においてのみその開始を許すのである。刑訴435条6号にいう『明らかな証拠』というのは証拠能力もあり、証明力も高度のものを指称すると解すべきであつて、被告人の弁護人宛の事件を否認する書信の如きは証拠能力の点からいつても、また証明力の点からいつても到底『明らかな証拠』ということはできない」とする判示については、「明らかな証拠」に当たるかどうかは、新旧両証拠すべてを総合的に評価して、「疑わしいときは被告人の利益に」という観点から、確定判決における事実認定につき合理的な疑いをいだかせ、その認定を覆すに足りる蓋然性のある証拠かどうかにより判断すべきとする最決昭50・5・20刑集29巻5号177頁により、実質的に否定されている。
(18) 芦部信喜編『憲法Ⅲ・人権(2)』（有斐閣、1981年）302頁〔芦部〕など。
(19) 樋口・前掲注（13）書722頁。
(20) 欧州人権条約6条1項は、民事事件か、刑事事件かを問わず公正な裁判を受ける権利を保障しているところ、欧州人権裁判所・人権委員会の一連の判例は、この権利は裁判所の裁判にアクセスする権利を包含しているとしている。この点について、北村泰三『国際人権と刑事拘禁』（日本評論社、１９９６年）１３０頁・２３８頁、葛野尋之『刑事手続と刑事拘禁』（現代人文社、２００７年）２５５頁、同『未決拘禁法と人権』（現代人文社、２０１２年）２７３頁参照。

(21) 再審公判だけでなく、請求手続についても憲法32条による裁判を受ける権利の保障が及ぶとする本稿の見解とは異なり、豊崎七絵「再審請求権の本質」法時92巻1号（２０００年）77頁は、再審制度については、「再審公判での『公正な裁判を受ける権利』の実効的保障を中核とする、再審公判中心主義」が指導理念となるとし、請求手続は「再審公判の準備のための、証拠の収集・保全を行う手続として位置づけられるべきであ」り、そのことは請求手続における「請求人の能動性と裁判所の後見性とによって確保・遂行される」とする。

(22) 東京地判平10・3・20判タ９８３号２２２頁は、「刑訴法４７５条2項は、法的拘束力のない訓示規定と解すべきである。／仮に、同項が訓示規定でないとしても、同項に基づく法務大臣の義務は、確定判決がいつまでも執行されないまま放置されることを防止する趣旨から課された義務というべきである。また、死刑は執行を受ける者の生命を断つという回復できない不利益を与える刑罰であるから、たとえ死刑の執行に至るまで死の恐怖が継続するとしても、死刑確定者にとって速やかに刑の執行を受けることが利益であるということはできず、死刑確定者に対する関係で速やかに刑の執行をすべき義務を想定することはできない」と判示している。

(23) 同規定の立法趣旨および解釈について、田鎖・註（2）論文66頁参照。

(24) https://www.mofa.go.jp/mofaj/gaiko/kiyaku/pdfs/jiyu_kenkai.pdf

(25) 伊藤栄樹他『新版・註釈刑事訴訟法〔第7巻〕』（立花書房、２０００年）１４８頁〔臼井滋夫＝河村博〕、松尾浩也監修『条解刑事訴訟法〔第4版増補版〕』（弘文堂、２０１６年）１１４０頁など。

(26) 下刑集9巻6号８１５頁。

(27) 集刑２５７号１５３頁。

(28) 集刑２８５号５０１号。日野町事件の第一次再審請求において、大津地裁の棄却決定に対して請求人が即時抗告を申し立てた事案について、大阪高決平23・３・30 LEX/DB 25548003は、この最高裁決定を引用しつつ、「本件再審請求事件の手続は、申立人の死亡により終了した」とした。有罪判決確定者の近親者の請求による第二次請求において、大津地決平30・７・11判時２３８９号38頁は再審開始を決定した。

(29) ト刑集５巻３・４号２１０頁。

(30) 大出良知「再審請求人の死亡と請求手続」法セミ４１１号（１９８９年）１３５頁。

(31) 平場安治編『注解刑事訴訟法（下）〔全訂新版〕』（青林書院新社、１９８３年）３４５頁〔高田卓爾〕。高田卓爾『刑事訴訟法〔二訂版〕』（青林書院新社、１９８４年）６０４頁も参照。

(32) 法曹会編『刑事訴訟法提案理由書』（法曹会、１９２２年）３１７頁（旧法案５１５条についての解説）。

(33) 平沼騏一郎『新刑事訴訟法要論〔改訂増11版〕』（日本大学出版部、１９２６年）７２３頁。

(34) 判例集未掲載。同決定について、田鎖・註（２）論文72頁註（55）参照。

(35) 判例集未掲載。

(36) 請求手続において、弁護人は、請求人の死亡前における包括代理権を基本とする弁護権と、死刑執行による請求人の死亡後における固有権としての請求手続追行権とから構成される弁護権を有している。請求人に対して効果的な援助を提供するためには、請求人との十分なコミュニケーションが必要とされるところ、再審請求中に死刑が執行され、請求人が死亡したならば、弁護人は、請求人とのコミュニケーションの機会を一切失うことになる。確定判決の証拠構造、犯罪事実の認定を基礎づけた証拠の証明力、新証拠に関する請求人側の主張・立証、検察官の意見に対する反論などについて、請求人と協議して検討を尽くすことができず、また、その指示を受けることが一切できないのであれば、弁護人が請求手続追行権を効果的に行使することはきわめて困難なものとなる。この点において、再審請求中の死刑施行は、弁護人の弁護権を侵害するのである。弁護人の弁護権の侵害について、葛野尋之「再審請求中の死刑執行をめぐる法的問題」一橋法学21巻１号（２０２２年）27頁以下参照。

（くずの　ひろゆき・青山学院大学教授）

第8章　死刑の認定・量刑に必要な適正手続とは何か

椎橋隆幸

第1　はじめに

近年、死刑の事実認定・量刑等につき、死刑の極刑である性格に相応しい手続を日本の刑事司法は用意していないのではないか、より適正な、あるいは、より慎重な手続保障が必要なのではないかとの主張が少なからず見受けられる。その際、アメリカ合衆国最高裁判所の判例理論が要求する手続要件を参考にして、それらをわが国にも取り入れるべきとの主張が多い[1]。論者の中には、合衆国最高裁が死刑事件に要求する手続要件（スーパー・デュー・プロセスと論者は言う）に比べてわが国はその殆どを手続として要求していないので、合衆国憲法を継受した日本国憲法の関係条文（31条、36条等）に照らしてもわが国の死刑事案についての法運用には重大な問題がある、と主張するのである。

死刑に関する、米合衆国最高裁判例の展開については、死刑制度を持つわが国にとっては、学ぶべきことは多い[2]。合衆国最高裁判例において展開された死刑事件では通常の事件よりも手厚い手続保障を要求する考え方をスーパー・デュー・プロセスと呼ぶのが適切なのかについてはさておき、その手厚い手続保障の内容・根拠・射程を考察することは意義のあることであり、その上で、合衆国の死刑事件での手続保障の在り方を、両制度の違いを弁えつつ、わが国の死刑制度とその運用とを比較検討することが本稿の課題である。

第2　合衆国最高裁判例のスーパー・デュー・プロセスとは何か

論者によれば、合衆国最高裁判所は、「死刑は特別である（death is different）」、他の刑罰とは質的に異なる究極の制裁であるとの認識の下に、死刑を科すためには以下のような手厚い手続が保障されなければならないとする。[3]

(1) 死刑を科しうる犯罪類型と犯罪者類型が判例により限定されてきている。

(2) 有罪か無罪かの罪責認定手続と死刑か無期かの量定をする量刑手続とが分離されていなければならない（手続二分論）。また、死刑を科すためには陪審の全員一致の賛成がなければならない。

(3) 恣意的な死刑の量定がなされないために陪審には一定の指針に基づく裁量権の行使が求められる。

(4) 陪審の裁量権の行使が合理的といえるためには、加重事由の存在を合理的な疑いを超えて証明した後、減刑事情を広く認めた上で、両者を総合的に判断して前者が後者を上廻ることが求められる。

(5) 死刑判決に対しては、本人の意思にかかわらず、上訴されなければならない（自動的上訴制度）。また、上訴審では、死刑判決が恣意的な要因によるものではないか、あるいは、他の類似事件と比較して不均衡なものになっていないか（proportionality review）などが審査される。

(6) 死刑判決は各州の上訴手続以外にも、州・連邦裁判所への人身保護請求手続、連邦最高裁判所への裁量上告の制度がある。

ところが、わが国においては、死刑が特別なものであるとは認識されていない結果、死刑事件において保障されるべき手続的保障がなされていないと批判される。具体的には、①当該事件が死刑事件であるか否かが公判の最終段階（論告・求刑）まで分からない。②事実認定手続と量刑手続が二分されていない。③行為者の特性に関する証拠調べが不十分である。④死刑か否かの判断につき全員一致制が採られていない。⑤死刑執行がいつなされるのか告知されない、などである。[4]

以上、要約すると、米合衆国では死刑は特別であるとの考え方のもと、死刑の認定・量刑・執行の各段階において非死刑事件よりも手厚い手続保障がなされているのに対して、わが国では、そもそも死刑が特別であるとの認識がない帰結として、非死刑事件よりも手厚い手続が保障されていない、と批判するのである。しかし、死刑事件の手続が米合衆国とそのような大きな違いがあるのであろうか。わが国は死刑事件について慎重な運用をしていないのであろうか。全ての論点を網羅して論ずることは紙幅の関係上困難であるが、重要と思われる幾つかの論点を取り上げて若干の考察を試みたい。比較の前提として、まず、米合衆国最高裁の立場を概説する。

第３　死刑に対する基本的な姿勢、恣意性の排除、罪刑均衡原則

１　合衆国最高裁の立場

⑴　恣意性の排除

１９７２年のファーマン判決[5]（Furman v. Georgia, 408 U. S. 238）は、謀殺罪（１件）と強姦罪（２件）につきジョージア州で死刑判決が確定した事件につき合衆国最高裁が、各死刑判決は第８修正及び第14修正に違反する残虐かつ異常な刑罰に当たるとして、ジョージア州最高裁の判決を破棄・差し戻した事案である。しかし、本判決は５対４の僅差で、結論についてのみ多数派が形成されただけであり、賛成・反対の各裁判官全員が個別に意見を書いているためファーマンの意義・射程を正確に理解することには困難が伴った。もっとも、その後の判例が裏づけるように、ファーマンの主たる狙いは、恣意的・気まぐれ的に死刑が科されないことを保障することであったことは間違いない。バーガー首席裁判官の反対意見にもあるように、死刑制度を維持するためには、量刑判断者に量刑

の基準を提供したり、死刑対象者の限定を内容とする新立法の制定の必要性が示唆されていた。この示唆に対応するかのように、各州の立法府は迅速に死刑法を改正した。１９７６年までに35州が新死刑法を制定している。

新死刑法は大きく2種類に分類される。１つは、恣意的・気まぐれ的な裁量を陪審や裁判官に許さないために、一定の犯罪に限定してその犯罪者には絶対的（必要的）に死刑を科す制度である。もう1つは、死刑犯罪の有罪認定後、訴追側に加重事由の存在の証明を求め、その上で量刑判断者は減刑事由の斟酌をした後に死刑か否かを量刑するという制度である。併せて、罪責認定手続と量刑手続を2分する制度や自動的上訴制度を設けている州も少なくない。これらの新死刑法が合憲か否かがグレッグ等5判決によって判断されることとなった。

前者の絶対的（必要的）死刑制度について、１９７６年のウッドソン判決（Woodson et. al v. North Carolina, 428 U. S. 280）とロバーツ判決（Roberts v. Louisiana 428 U. S. 325）は第1級謀殺罪で有罪とされた者には絶対的死刑が科される死刑制度を違憲と判示した。ウッドソンは、絶対的死刑制度は不当に過酷で、成熟した社会の進化を示す品位の発展基準（evolving standards of decency that mark the progress of a maturing society）にも適合しないと判示したが、その理由として、ノース・キャロライナ州の絶対的死刑制度は、第1級謀殺罪を犯した者の中、生か死かの判断をする際の指針を提供していない、また、生か死かの量刑根拠が恣意的、気まぐれ的に行使されたか否かを上訴裁判所によって審査する方法がない、さらに、有罪とされた者の各人の性格や記録、犯行の状況など個別事情の検討を許していない、として違憲と判断した。また、ロバーツは、ルイジアナ州の絶対的死刑制度についても同様の欠陥があるとして違憲と判示している。

他方、後者の類型の新死刑法については、ファーマンで違憲とされたジョージア州は新死刑法を制定した。同法は謀殺等6種類の犯罪で死刑を維持した上、有罪・無罪の罪責認定段階と死刑か否かを判断する量刑段階を二分し、有罪認定後に10の加重事由の中、少なくとも1つの存在を合理的な疑いを超えて検察官は証明しなければならず、その後に陪審は、相当と思われる減刑事由を斟酌して死刑相当であると判断した場合に死刑を科すことができるとしている。

この新死刑法につき、１９７６年のグレッグ判決（Gregg v. Georgia, 428 U.S.158）は、まず死刑自体は、第８修正の文言、その沿革、そして２００年にわたって認められてきたことから、第８修正に違反するものとはいえないと判示した。そして、ジョージア州の陪審は、有罪認定後に本件謀殺罪につき２つの加重事由（武装強盗中の謀殺、金銭と車両の強奪目的の謀殺であること）の存在を認定している。陪審に少なくとも１つの加重事由の存在の認定を義務付け、その上で相当と思われる減刑事由の斟酌を可能とすることにより陪審の無制約な裁量の行使は規制されている、として新死刑法を合憲と判示している。

フロリダ州の新死刑法は以下の通りである。死刑犯罪での有罪認定後、量刑に関連あるいかなる証拠も裁判官及び陪審の下に提出できる。陪審の評決は助言的なものであり、量刑は裁判官が決定する。量刑手続では８つの加重事由と７つの減刑事由を検討し、前者が後者に優ると判断されると死刑を科すことができる。また、同法は、死刑判決に対する自動的上訴制度を設けている。１９７６年のプロフィット判決（Proffitt v. Florida, 428 U.S. 242）では、被告人は第１級謀殺罪で起訴され、上記の手続きに従って４つの加重事由の存在と減刑事由の不存在を認めて死刑判決が下され、これに対する自動的上訴でも死刑判決が維持された。合衆国最高裁は、フロリダの死刑量刑手続は死刑が恣意的、気まぐれ的に科されないことを保障し、また、フロリダ州最高裁によってさらに加重・減刑事由が再吟味されるので、死刑か終身刑かの判断において詳細な指針が与えられているとして合憲と判示している。

テキサス州の新死刑法は、死刑対象犯罪を５類型の謀殺に限定し、死刑量刑手続においてまず、少なくとも１つの加重事由の存在の証明を要求し、その後、被告人側が提出する減刑事由に関する証拠の検討をした上で、死刑が妥当か否かを判断することを求めている。

1976年のジュレック判決（Jurek v. Texas 428 U.S. 262）は、同法につき、陪審の判断を迅速に再審査する機会を設け、公平で合理的かつ一貫した死刑か否かの判断をする方策を提供しているので、量刑判断者が恣意的、気まぐれ的に死刑を科すことを許していないので第8修正に違反しないと判示している。

以上、グレッグ等5判決によって以下の点が明らかとなった。①死刑それ自体は違憲ではない。②ノース・キャロライナ州とルイジアナ州のような絶対的死刑制度は違憲である。③恣意的、気まぐれ的裁量を許さない量刑手続、例えば、死刑対象犯罪を謀殺等に限定し、有罪認定後に別の量刑手続において加重事由の存在を合理的疑いを超える証明をした上で、減刑事由を斟酌し、それでも死刑が相当であると判断した場合に死刑を科すという制度は合憲である。加えて、自動的上訴制度により、加重・減刑事由の斟酌の判断の妥当性を再審査することや罪と罰の均衡がとれているかの審査を義務づけていればより合憲との判断になる。その後の判例は、グレッグ及び関連判例を前提に展開されていく。

⑵　対象犯罪の限定――罪刑均衡原則

合憲と判断されたジョージア州の新死刑法は、その対象犯罪を謀殺、身代金目的の誘拐致傷、武装強盗、強姦、反逆、ハイジャックの6類型に限定した。同法では、法定刑に死刑のある罪で前歴のある者が、新たに同種の罪を犯し、その最中に強姦罪を犯したときには死刑を科すことが可能であった。1977年のコーカー判決（Coker v.Georgia, 433 U.S.584）[6]において、被告人は、逃走罪、武装強盗罪、強姦罪、車両強盗罪、誘拐罪で起訴され、①死刑を科しうる重罪（capital felony）の前科を持つ者によって強姦されたこと、また、②犯人が他の死刑を科しうる犯罪又は加重暴行の遂行中に強姦がなされたこと、という2つの加重事由が陪審によって認定され、死刑判決を受けていた。しかし、合衆国最高裁は、ジョージア州最高裁の死刑を維持する判決を破棄した。その理由として合衆国最高裁は、死刑が強姦罪に対して著しく不均衡で過重な刑罰であるので、第8修正にいう残虐かつ異常な刑罰として禁止されている、と判示した。成人女性に対する強姦罪に死刑を科す法律が全国的に大幅に減少してきていること、現在では、ジョージア州だけが成人女性の強姦に死刑を認める唯一の州であること、強姦の被害者が子供の場合に死刑を認める州が2つに過ぎないことなどが客観的状況として述べられている。また、被告人は別罪として武装強盗罪の審理を受け、この件についても加重事由が認められたが、陪審は死刑ではなく終身刑を選択している。死刑は峻厳性と取り返しのつかない性質のため特別であり、人命を奪っていない強姦犯については、加重事由がある場合であっても、死刑を科すことは罪刑均衡原則に反するという判断があったものと思われる（なお、３名の裁判官の反対意見がある）。

さらに、２００８年のケネディ判決（Kennedy v. Louisiana,554 U.S. 407）[7]において、12才未満の児童に対する強姦罪の被告人に死刑を科すことが許されるかが問題とされた。養父からの強姦により8才の被害児童は大量の出血をし、緊急手術が必要なほどの重傷を負った。ルイジアナ州によれば、12才未満の児童に対する加重強姦罪には死刑を科すことが認められていた。陪審は全員一致で被告人に死刑判決を下し、ルイジアナ州最高裁も死刑判決を支持した。これに対して合衆国最高裁は州最高裁の判決を破棄・差し戻した。第8修正は、残虐かつ異常な刑罰のみならず過重な刑罰をも禁止しており、また、過重な刑罰（罪刑が均衡しているか）か否かは、成熟した社会の進化を示す品位の発展基準に依拠して判断される、との前提から合衆国最高裁は、各州の強姦罪への死刑適用に関する歴史、法制度、執行状況等を重要な根拠として、死刑は最も凶悪な犯罪、つまり、被害者の生命を奪う犯罪に限定しなければならず、被害児童を殺害しなかった強姦犯人に死刑を科すことは第8及び第14修正に違反すると判示した（3名の反対意見がある）。

ところで、罪刑均衡原則は、重罪謀殺（felony murder）の共犯事案において、殺害の実行行為を行っていない共犯者に死刑を科すか否かについても適用される。重罪謀殺原則とは、被告人が重罪で罪責を負う場合に、人を殺害する意図又は、認識がなくても重罪犯行中に人を死亡させたときは謀殺罪としての責任を問われることをいう。

１９８２年のエンムンド判決（Enmund v. Florida,458 U.S.782）[8]では、被告人エンムンドの共犯者２名が老夫婦宅で発砲して老夫婦を殺害し、金員を奪って逃走した事案において、犯行現場とは別の場所で共犯者の逃亡のために待機していた被告人も第１級殺人と強盗の罪で有罪認定を受け、また、加重事由も認められて死刑判決が下され、フロリダ州最高裁も死刑判決を維持した。これに対して合衆国最高裁は、この問題に関係する各州の立法状況や法運用を検討した後、罪刑の均衡につき、死刑は、峻厳なこと、また、取り返しがつかない点で特別な刑罰であり、強盗の共犯者が殺人を実行していない場合に科するには過重な刑罰である、また、殺人に加担若しくは殺人を促進させる意図があったという証明はない、さらに、刑罰目的である抑止と応報に貢献するものでもない、として被告人に死刑を科することは違憲であると判示した。

他方、１９８７年のタイソン判決（Tison v. Arizona, 481 U.S. 137）[9]では、被告人タイソン兄弟2名は、重罪謀殺の共犯で、殺人を実行してはいないが死刑宣告が下され、それは合憲と判示されている。タイソン3兄弟（ドナルド、リッキー及びレイモンド）は殺人罪で刑務所に収監されている父親（ゲイリー・タイソン）とその収監仲間グリーンウオルトの脱獄計画を成功させ、5人で逃走中、車がパンクしたため、被害者ライオン一家４人を停車させ、父親タイソンとグリーンウオルトが家族４人を銃殺し、逃亡中、警察の検問の際逮捕された。その際、ドナルドは射殺され、父親のタイソンは砂漠で死亡した。公判裁判所はタイソン兄弟の加重事由を認定し、死刑判決を下し、アリゾナ州最高裁も死刑判決を維持した。

合衆国最高裁は、重罪謀殺の共犯事案であるエンムンドと区別し、タイソン兄弟の死刑判決は合憲であると判示した。その理由は、エンムンドは重罪謀殺に加担した程度は相当に低く、責任非難に値する心理状態を認めるだけの証拠がなかったために、死刑は応報として過重であったが、タイソンでは、被告人両名は、銃を持ち込み脱獄と逃走を共に行い、被害者の誘拐と強奪を実行し、共犯者の謀殺を傍観し、謀殺を止めることをしていない、また、自分たちの行為が無辜の命を奪う可能性をわかっていたなど、被告人両名の犯行への加担は大きく、また、人命の価値に対する危険を全く省みない心理的状態（reckless indifference）にあったので、死刑判決に必要な責任非難の要件を充足していると判示した。

エンムンドとタイソンの判断が異なった理由は、合衆国最高裁において、重罪謀殺の共犯の量刑につき、罪刑均衡原則を適用しつつ、各事案における被告人の犯行の重大性の評価が分かれた結果であろう。

(3)　死刑対象者の限定―犯罪者の年齢

少年の年齢自体を基準に死刑量刑をすることが許されるかの前に、少年の死刑事件において少年であることなどを減刑事由として斟酌することを認めない法律の合憲性を紹介してみたい。その前提として、１９７８年のロケット判決（Lockett v. Ohio, 438 U. S. 586）[10]を検討する。被告人ロケットは、質店での強盗殺人の共犯として加重謀殺罪で起訴された。オハイオ州法では減刑事由が①被害者の誘発又は助長があった、②犯罪が強要、強制、挑発下で犯された、③精神病又は精神疾患が原因で犯罪が行われた、の３点に限定されており、被告人はこれらの減刑事由を証拠の優越の程度で証明できなかったため死刑判決を下された。被告人は被害者を殺害する意図もなく、殺害行為を行ってもいなかった。合衆国最高裁は、死刑事件においては被告人の性格、履歴そして当該犯罪の諸状況といった減刑事由を量刑裁判官が斟酌できるようにしなければならず、減刑事由を３つの範囲に制限したオハイオ州法は第８修正及び第14修正に違反すると判示した。ロケットは、死刑事件において被告人の個別の事情を、関連する減刑事由として広く認めるべきとした点に意義がある。

少年事件においては、ロケットと同日に下された１９７８年のベル判決（Bell v. Ohio,438 U.S. 637）は、前述のようにオハイオ州法では３つに限定された減刑事由しか認められていないので、被告人が16才であるという年齢を減刑証拠として認められず死刑判決が下されたが、合衆国最高裁は同法を違憲と判示した。１９８２年のエディングス判決（Eddings v. Oklahoma,455 U. S. 104）では、被告人（犯行時16才）は警察官殺害の第１級謀殺罪で起訴された。被告人は有罪と認定され、16才という年齢のほか劣悪な生育環境（親の愛情、養育はなくネグレクトと虐待を受けた）と人格障害（emotional disturbance）などの不幸な生い立ちがあることを減刑事由として斟酌されずに死刑判決を言い渡された。合衆国最高裁は、ロケットを引用して次のように判示した。死刑の量刑は非死刑事件のそれとは大きく異なる。量刑判断者には減刑事由として提出された被告人の性格、履歴そして当該犯罪の諸状況の各側面について独自の減刑判断を自由に（制約なく）行うことを認めなければならない。オクラホマ州の裁判所は、成長が阻害され未成熟で精神的障害もある少年に極刑を科すかを審理するときに関連性のある全ての減刑証拠を斟酌しなければならない。

さて、少年の年齢を基準に被告人に死刑を科すことが許されるかを判断したのがトンプソンとシモンズである。１９８８年のトンプソン判決（Thompson v. Oklahoma,487 U. S. 815）[(11)] は、被告人（15才）が、姉を虐待した夫の身体に多数の暴行を加えて殺害した凶悪な犯罪に死刑が科されるかが問われたが、合衆国最高裁は、16才未満の少年に死刑を科す州が全国的に少なく、また、死刑宣告をする数も少ないことを背景に、少年は成人に比べて類型的に成熟度が低く、また、経験や知力も成人に比べ乏しく、仲間から影響を受けやすいため、少年は成人よりも低い責任が認められてきていた。さらに、応報と抑止効の観点からも犯行時15才の少年に死刑を科すことは許されないとして、16才未満の少年に死刑を科すことは第８及び第14修正に違反すると判示した。翌１９８９年のスタンフォード判決（Stanford v. Kentucky, 492 U. S. 361）では、犯行時16才と17才の少年に死刑を科すことは合憲とされた。同判決では、死刑制度を持つ37州のうち、22州が16才未満の少年への死刑を許容し、25州が17才以上の少年への死刑を許容していることから、16才以上18才未満の少年への死刑科刑は全国的コンセンサスが得られており、第８修正に違反しないと判示された。

ところが、２００５年のシモンズ判決（Roper v. Simmons, 543 U. S. 551）[12]では、犯行時17才の少年に死刑を科すことの合憲性が問題とされた。被告人シモンズは、共犯者２名（15才と16才）と共に被害者宅に侵入し、被害者女性の目と口をテープで覆い、手を縛り車で拉致し、橋から川へ投げ捨てて、被害者を溺死させた。ミズーリ州は、シモンズを、住居侵入盗、誘拐、窃盗及び第１級謀殺罪で起訴し、公判で有罪認定した後、量刑手続において年齢等の減刑事由も斟酌した上で、シモンズに死刑判決を下した。そして、州での上訴、再審さらには連邦での人身保護手続の申請も却けられた。その後、シモンズは、精神発達遅滞者（mentally retarded person）への死刑量刑は第８及び第14修正の残虐かつ異常な刑罰の禁止条項に違反するとしたアトキンス判決（Atkins v. Virginia,536 U. S. 304 (2002)）[13]を根拠に、18才未満の少年への死刑科刑は違憲だとしてミズーリ州最高裁に救済を申し立てた。同最高裁は、各州の法制定と運用の状況を評価すると18才未満の少年の死刑執行は禁止されているとの全国的コンセンサスが展開しているとして、死刑判決を破棄して終身刑を言い渡した。合衆国最高裁は、死刑はそれを科す以外にはないと認められる場合に限定され、18才未満の少年、精神障害者、精神発達遅滞者には、いかにその者の犯した犯罪が極悪なものであっても死刑を科すことはできない、と判示してミズーリ州最高裁の判断を支持した。18才未満の少年は未成熟であり、他人からの影響を受けやすく、可塑性に富んでおり、その犯罪の多くは一過性のものである。そのような少年に死刑を科すのは応報の点で均衡がとれておらず、また、抑止効があるかは不明であり、他方、終身刑で刑罰の目的を十分に達成することができる。このように述べて合衆国最高裁は、スタンフォードを変更し、死刑科刑を禁止する年齢の基準をトンプソンの16才未満から18才未満に引き上げたのである。

⑷　死刑対象者の限定―精神障害等

犯行時や裁判時に精神に異常がなく死刑を宣告された者がその後に心神喪失（insane）になった場合に、その者の死刑執行は許されない（Ford v. Wainwright, 477 U. S. 399（1986））。被告人フォードは謀殺罪で有罪とされ死刑を言い渡された。フロリダ州法によれば、被告人側の心神喪失の申立があれば、３人の精神科医を任命し被告人の精神状態を鑑定することとされている。選定された３人の精神科医の診断は各自異なる部分もあったが、死刑執行能力はあるとの結論では一致していた。この結論を受けて州知事は死刑執行命令を出すこととされている。弁護人の申立を受けて合衆国最高裁は裁量上告を認め、心神喪失の死刑確定者に死刑を執行することは許されないと判示した。フロリダ州法が、州が任命した精神科医の鑑定を争う機会を与えず、また被告人側が申請した別の精神科医の証拠採用を認めなかったことなどが死刑執行の前提として必要な公平さ、正確さを求める高度の関心にそぐわない、と判断され破棄されたのである。

次に、精神発達遅滞者（mentally retarded person）に死刑の執行が許されるかについて合衆国最高裁はペンリー判決（Penry v. Lynaugh, 492 U. S. 302（1989））[14]において、第８修正は精神発達遅滞者に死刑を執行することを禁止してはいないと判示していた。その後、２００２年のアトキンス判決（Atkins v. Virginia, 536 U.S. 304）において精神発達遅滞者の死刑執行は第８修正違反であると判示された。アトキンスは、誘拐、武装強盗、謀殺（被害者を拳銃で８回射って殺害した）などで有罪認定され、死刑を宣告されたが、精神発達遅滞を理由に（ＩＱのスコアが59、精神年齢が９才から12才との主張がされている）合衆国最高裁にサーシオレーライを申請した。合衆国最高裁は、第８修正は罪刑の均衡を要請し、この判断は「成熟した社会の進化を示す品位の発展基準」によってなされ、この審査の明確かつ信頼できる客観的指標は議会による立法であるとして、議会は一貫して精神発達遅滞者には死刑の執行を禁止する傾向であると判示した。また、精神発達遅滞者は非難の程度が一般的に低いとされ、また、情報処理能力、自己を統制する能力も低減していることからも、死刑執行の対象から外されるべきとも判示している。

そして、２０１４年のホール判決（Hall v. Florida, No12―1088,27 May 2014）[15]において、知的障害（intellectual disability）（精神発達遅滞（mental retardation）とほぼ同義か）がある者に死刑を執行することが第８及び第14修正に違反すると判示された。被告人ホールと共犯者は、妊娠中の被害女性を誘拐し、強姦し謀殺した後、逮捕しようとした警察官を殺害したとして有罪とされ、死刑を宣告され、フロリダ州最高裁も死刑判決を維持した。ホールには知的障害と劣悪な生育環境があったが、フロリダ州法では、被告人のＩＱスコアが70を超える場合は、測定誤差（margin for measurement error）の範囲内に入る場合でも（65から75といわれる）、知的障害がないとされ、知的能力が限定されていることを示す他の証拠の提出が禁止されていた点に問題があった。合衆国最高裁は、合衆国の立法及び法運用の実情、先例、そして特に医療専門家の見解を考慮した上で、ＩＱテストには幅があり、SEM（測定標準誤差）を適用して、知的障害の有無を判断しなければならず、そのためには、被告人の生育歴等を含めて判断しなければならず、それらの証拠の考慮を許さないフロリダ州法は違憲であると判示した（４名の裁判官の反対意見がある）。

第４　わが国の死刑制度とその運用

１　死刑は特別か

わが国の死刑制度と実務に批判的な論者は、米合衆国では「死刑は特別である」との考え方の下、死刑の事実認定・量刑を恣意的でなく、公平にするため、手厚い手続保障をしているのに対して、わが国では、そもそも、死刑は特別であるとの考えがなく、そのため、死刑事件の事実認定・量刑を行う手続は非死刑事件と同じで、手厚い手続保障がなされていないと主張する。確かに、ファーマン等で言及されているように、死刑は、最も峻厳かつ不可逆的（取り返しがつかない）刑罰であるが故に、特別であり、その考え方の下に、合衆国最高裁が死刑の事実認定・量刑等につき手厚い手続的保障をしてきたことは事実であり、私もそのことは学ぶべきことと考えている。しかし、わが国の刑事司法では、死刑は特別と考えられていないため、死刑の事実認定・量刑が非死刑事件と同じに取り扱われ、より慎重に、あるいは、より厚い手続保障がなされていないという批判が的を射ているかは疑問である。

まず、最高裁は日本国憲法下の昭和23（1948）年に、被告人がその母親（49才）と妹（16才）を藁打槌で強打して即死させ、井戸に死体を遺棄した公訴事実につき死刑と認定された原審を支持した事案において、死刑につき以下のように述べている。「生命は尊貴である。一人の生命は、全地球よりも重い。死刑は、まさにあらゆる刑罰の中で最も冷厳な刑罰であり、またまことにやむを得ざるに出ずる究極の刑罰である。それは言うまでもなく、尊厳な人間の根元である生命そのものを奪い去るものだからである」（最判昭和23年3月12日刑集2巻3号191頁）。最高裁のこの考え方は現在まで一貫して踏襲されている。例えば、平成27（2015）年の松戸事件で最高裁は次のように判示している。「死刑は、…他の刑罰とは異なり被告人の生命そのものを永遠に奪い去るという点で、あらゆる刑罰のうちで最も冷厳で誠にやむを得ない場合に行われる究極の刑罰であるから、…その適用は慎重に行わなければならない」（最決平成27年2月3日刑集69巻1号99頁）。昭和23年（1948）年最高裁判決は、ファーマン（1972）より24年前に出されたものであるが、生命の尊貴性を認め、死刑が生命を奪う最も冷厳かつ究極の刑罰であるから真にやむを得ざる場合にしか適用されないという、まさに死刑が特別な刑罰であることを認める考え方を示していた。同時に、同判決は、死刑自体は憲法36条の残虐な刑罰には当たらないが、その執行方法等がその時代と環境とにおいて人道上の見地から一般に残虐性を有すると認められる場合には、それは残虐な刑罰となる、と言及して、米合衆国最高裁が死刑の合憲性を判断する基本的な思想である「成熟した社会の進化を示す品位の発展基準」に通底する考え方を示している。以下、わが国は、死刑事件について、様々な段階・場面においていかに慎重かつ公平な姿勢で臨んでいるかを示してみたい。

２　対象犯罪の限定

憲法36条は「公務員による拷問及び残虐な刑罰は、絶対にこれを禁ずる」と規定する。国民の大多数が嫌悪感や戦慄を覚えるような執行方法及び犯行とあまりにも不釣合いに重い刑罰は残虐な刑罰として許されない。[16]残虐か否かの基準は、最終的には、社会の進展に伴って変化する寛容さの度合によって決まる。また、憲法31条は「何人も、法律の定める手続によらなければ、その生命若しくは自由を奪われ、またはその他の刑罰を科されない」と規定する。この規定は、自由や生命を奪うためには法律に定められた適正な手続に従って行われなければならない（手続的デュー・プロセス）だけでなく、法律の内容自体が適正なものでなくてはならない（実体的デュー・プロセス）ことを求めている。この実体的デュー・プロセスもまた、特別に悪質とは言えない犯罪に対して死刑を科すことを禁じていると解される。罪刑の均衡は刑罰理論の中心であり、また、憲法の要請でもある。真に重い、凶悪な犯罪にしか死刑を科すことは許されない。

現行法上、死刑が法定されている犯罪には、内乱首魁（刑77条1号）、外患誘致と援助（同81条・82条）、現住建造物放火と浸水（同１０８条・１１９条）、殺人（同１１９条）、爆発物使用（爆発物取締罰則1条）、列車転覆致死（刑１２６条3項）、水道毒物混入致死（同１４６条）、強盗致死（同２４０条）、強盗・強制性交等致死（同２４１条）、航空機強取致死（航空機の強取等の処罰に関する法律2条）、人質殺人（人質による強要行為等の処罰に関する法律４条）等19種類がある。

平成元年から同30年までの死刑確定者の合計は２３３人で年間の平均は8人弱（7・76人）であり、死刑の適用につき、慎重な運用がなされているといってよいであろう。日本国憲法下においては、殺人または致死以外の事案に死刑が科せられたことはないし、最近では、殺人又は強盗致死（強盗殺人を含む）にしか死刑は科されていない。

さて、前述の如く、米合衆国最高裁が成人女性に対する強姦罪を犯した者に死刑を科すことは違憲であるとしたのは１９７７年であり、12才未満の児童に対する強姦罪の被告人に死刑を科すことは違憲であるとしたのは２００８年であった（これに対しては、児童の身体と精神に与える強い悪影響を理由に反対意見が少なくない）。論者はこの点を高く評価し、私もそのことを批判しないが、わが国では数十年も前から強姦罪の犯人に対して死刑を科すことはしていないのである。

また、米合衆国では、死刑を存置している法域は30州と連邦及び軍と減少しており、これに対して、死刑廃止州は20州へと増加する傾向にある。存置州においても、死刑執行を停止したり、事実上、死刑執行をしていない州もある。その結果、最近では、１９９０年代に比べて、死刑判決数も死刑執行数も大幅に減少している。その原因は様々であるが、イノセンス・プロジェクト（Innocence Project）において、ＤＮＡ鑑定により死刑囚の相当数が無罪と認定され、放免されたこと、また、死刑執行の方法としての薬物注射が死刑囚に余計な苦痛を与えるとの批判があったこと、さらに、制度上、死刑の妥当性を争う多くの機会が死刑囚に保障されているため、死刑制度の運用に多額の予算がかかることや、有能で活発な弁護士を依頼できるか否かで死刑か否かの結果が違ってくる可能性が高いという格差の問題などがあると指摘されている。

とはいえ、人口が多く（3億2千万人）、犯罪状況も厳しい状況の中で、全米での死刑判決や死刑囚の数は、わが国に比べるとはるかに多いというのが現状である。

３　死刑対象者の限定─少年の年令

ベルにおいて、被告人の年令（16才）等を減刑事由として斟酌することを許さない死刑判決が違憲とされたのは、ロケット、エディングスという減刑事由を広く認めるべきとの判例に沿わないもので当然と受け止められている。しかし、少年の年令を基準に被告人に死刑を科すことが許されるかについては判例に変遷があり、また、各判決における賛成・反対の意見も拮抗している。犯行当時16才未満の被告人に死刑を科すことは違憲だと判示したトンプソンでは複数意見（４名）と補足意見（１名）で多数意見が構成された（３名が反対意見）。犯行時16才と17才の被告人に死刑を科すことが合憲とされたスタンフォードでは、法廷意見が５名、反対意見が４名であった。スタンフォードを変更し、18才未満の被告人への死刑判決を違憲と判示したのがシモンズである（法廷意見５名、反対意見４名）。

合衆国最高裁判官の意見が鋭く対立している背景には、一方では、少年は精神の発達途上であり、可塑性も高いし、また、少年の責任は成人に比べて低いといえるので、人道上も罪刑均衡原則からも、死刑を科すべきではないとする見解と、少年の発達段階は各人によって異なり、個別の事案毎に少年の年令等を減刑事由として考慮すべきで、類型的に死刑の対象にできないとすべきではない（全ての少年の精神が未発達とはいえない）との見解の対立がある。加えて、少年を死刑にすべきか否かが問題となる事案は、その犯行の態様・方法等が執拗、残虐であり、時には、狡猾であったりもする。例えば、トンプソンでは、被害者は跪いて謝罪したのに暴行され殺害された。遺体には、頭部及ぶ腹部に銃創があり、咽喉、胸部及び腹部に創傷と多数の痣がみられ、足は骨折していた。遺体はコンクリートブロックにチェインで結びつけられ川に遺棄された。少年は自己の犯行を平然と友人らに話していた。また、シモンズでは、少年は共犯者に、少年だから罰を免れる、と言って犯行に誘っている。少年達は、深夜、被害女性宅に侵入し、誘拐し、被害者の目と口をダクト・テープで覆い手足を縄り、橋から投げ捨て、溺死させている。

合衆国最高裁は、少年の死刑につき、第8修正の「残虐かつ異常な刑罰」の禁止に違反しないか、を評価する上で、「成熟した社会の進化を示す品位の発展基準」に照らして判断している。この判断の重要な指標として、合衆国最高裁は、各州の立法や法運用（陪審等の死刑判断）から判断して、18才未満の少年への死刑科刑を禁ずることが全国的なコンセンサスを得ているかどうか、を重視している。この少年への死刑科刑禁止が全国的にコンセンサスを得ているかどうかの判断について、合衆国最高裁判官の評価が大きく分かれたのである。また、このような社会的コンセンサスを得ているかの判断は裁判所ではなく立法に委せるべきとも主張されたのである。

合衆国最高裁判例としては、現在、18才未満の少年に死刑を科すことは、第8及び14修正に違反するとの立場であるが、有力な反対意見があることも注意しておきたい。さて、わが国においては、犯行時18才未満の少年に対しては、死刑を科すことはできない（少51条1項）。わが国では、昭和23年（1948）年成立の少年法において法制度上、18才未満の少年に対して死刑を科さないことが保障されてきたのである。シモンズに先立つこと57年であることは評価してよいだろう。

わが国の問題は、年長少年（18才、19才）に対していかなる場合に死刑を科すことが許されるかである。国際的に見れば、18才以上を成人としているのが圧倒的に多数の国々で取られているので、18才、19才の者に死刑を科すべきかを1つの重要な争点として議論されていること自体が、死刑の科刑問題に慎重に取り組んでいる証であろう。

永山判決（最決昭58年7月8日刑集37巻6号609頁）は、死刑の適用基準（考慮要因を例示したに過ぎないとの説も有力である）を示した重要なリーディング・ケースであるが、次のように判示した。「死刑制度を存置する現行法制の下では、犯行の罪質、動機、態様ことに殺害の手段方法の執拗性・残虐性、結果の重大性ことに殺害された被害者の数、遺族の被害感情、社会的影響、犯人の年令、前科、犯行後の情状等各般の情状を併せ考慮したとき、その罪責が誠に重大であって、罪刑の均衡の見地からも極刑がやむを得ないと認められる場合には、死刑の選択も許される」。永山事件の被告人は、犯行時19才であったが、米軍基地で盗んだピストルを用いて、一ヶ月足らずの間に、東京と京都で警備員を射殺し、函館と名古屋でタクシー強盗の際に運転手を射殺し、合計４人を殺害しその半月後、東京の学校で強盗殺人未遂を行って逮捕された事案である。起訴罪名は、窃盗、殺人、強盗殺人、同未遂、銃砲刀剣類所持等取締法違反である。

第一審は、公訴事実を認め、被告人に死刑を宣告した。これに対して控訴審は、被告人に有利な情状として、犯行当時19才の少年であって、恵まれない生育環境、生育歴のため、その精神的な成熟度は実質的に18才未満の少年と同視しうるので、少年法51条の精神を及ぼすべきであるなどの事情を考慮すると死刑は酷に過ぎるとして第一審判決を破棄した上、無期懲役に処した。これに対して検察官は、判例違反、量刑不当を理由に上告に及んだ。

最高裁は前述のように原判決を破棄・差し戻したが、被告人の年令につき以下の判示をした。すなわち、被告人は年長少年であり、犯行の動機、態様から窺われる犯罪性の根深さに照らしても、被告人を18才未満の少年と同視することは特段の事情がない限り困難であるように思われる、と。最高裁は被告人の年令を含めた被告人に有利・不利な事情を総合的に判断した結果、「被告人の罪責は誠に重大であって、原判決が被告人に有利な事情として指摘する点を考慮に入れても、いまだ被告人を死刑に処するのが重きに失するとした原判断に十分な理由があるとは認められない」と判示した。その後も最高裁は一貫して被告人の年令を一般情状として、被告人に有利な事情（減刑事由）の一つとして考慮した上で、死刑か否かの判断をしてきている（考慮する方法・度合については後述する）。実際の法運用において、最高裁は、死刑判決の数においても、年長少年の死刑の適用を慎重に行っているといえよう。[17]

４　事実認定・量刑における適正手続の保障

論者によれば、死刑事件の適正手続保障という観点からわが国に欠けていることとして以下の事項が指摘されている。⑴死刑事件であることが手続の最終段階まで被告人側に告知されない。⑵事実認定手続と量刑手続とが分離されていない（手続二分論）。⑶被告人の主観的事情の取調べが不当に制限されている。⑷裁判員の評決につき全員一致制が採られていない。⑸死刑判決につき自動的（必要的）上訴制度が採られていないなどである。[18] 以下、手短に検討する。

⑴　死刑事件であることを告知しないこと

実務上、死刑事件であることは公判の最終段階である論告・求刑において明らかにされる。しかし、当該事案が死刑を求刑する予定であることを検察官が明らかにしない限り、被告人・弁護人は、死刑適用の判断枠組みに沿って効果的に、死刑回避のための主張・立証を行うことができないであろうから、公判前整理手続において、死刑求刑予定を明らかにしなければならない、との主張がある。[19] そもそも、公判前整理手続において明らかにすべき事項の中に死刑求刑予定は含まれていないし（刑訴３１６条の５）、また、それらに準ずるものと解釈するのは難しいであろう。検察官は、公訴事実、責任能力、情状等（これらの重要な要因が認定されないと考えれば、死刑求刑は不可能である）につき主張・立証し、また、弁護人の反証の経緯を踏まえて自己の主張・立証が弁護人の反証に耐えられるとの一定の確信を得た上で、論告・求刑をするのであろうから、両者の攻防の結果についての現実的な予測が立てられない公判前整理手続の段階で、死刑求刑予定の告知を求めることは妥当であるとは思われない。他方で、死刑求刑予定はあくまで可能性であるから、弁護人において、死刑か無期懲役かが問題となった判例の調査をすることは当然のこととして、公判前整理手続において、死刑求刑予定を告知しないことが弁護人にとって不公正であることを指摘する中でのやりとりによって、検察官の求刑意見はある程度予想がつく、とも言われる。[20] 論者は続けて、予想がつかないときには、死刑求刑を想定した立証を準備することになる、という。死刑事件の弁護に精通した弁護人の認識と活動の在り方であろう。

⑵　死刑事件の認定・量刑手続

⑵手続二分論と⑶刑罰の個別化の主張は密接に関連している。また、⑷死刑判決の全員一致性と⑸死刑判決の自動的上訴制度も死刑の適用を慎重にするべきという視点からは共通する考え方である。確かに、米国においては、事実認定手続と量刑手続とが二分されており、量刑手続においては、減刑証拠が広範囲に許容されている。とはいえ、減刑証拠であれば無制限に許容されるものではなく、関連性のない証拠は制限できるとされている。手続二分論は、量刑のみに関係する情状証拠は事実認定手続において使われてはならないとして、事実認定の純粋性を保障し、予断・偏見にとらわれない形で事実認定を行い、有罪と認定されたあとは、量刑手続に移り、量刑手続では被告人の主観的事情を含めた広範な情状証拠の提出が認められ、被告人に有利な事情を可能な限り考慮して、死刑か否かの判断を慎重にしようとするものである。

また、米合衆国では、死刑の評決は殆どの州において陪審の全員一致であることが求めれている。さらに、死刑判決に対しては、殆どの州で、自動的（必要的）上訴制度が採用されていて、死刑の当否が上訴審において審査されることとされている。これらの制度も死刑判決は慎重にすべきという考え方の表れであると見ることができる。しかし、米国の前述の制度をわが国が採用していないから、わが国の死刑に関する法制度は遅れているとか、適正手続違反とかいえるかは疑問である。米国とわが国とでは刑事司法制度が共通の部分も多いが、相違する部分も少なくない。二つの異なる法制度を比較して、ある部分が欠けているから問題があると批判することは単純に過ぎよう。二つの司法制度が全体としてどのように機能して、各々の国民の自由・権利を保障しているのかの視点を欠いて、正当な評価は不可能である。ところで、論者が指摘するように、米合衆国において、死刑事件での適正手続の保障が手厚いものであるのならば、死刑相当でない事件の被告人を誤って死刑と量刑する可能性は殆ど無いとはいわないまでも、相当に低い、あるいは滅多に起こり難いという状況になる筈であろう。しかし、１９９２年に開始された、イノセンス・プロジェクト（The Innocence Project）の現時点での情報によれば、有罪判決で収監中の者がＤＮＡ鑑定等により無実が証明され無罪放免となった数が３７５名であり、その中、死刑確定者は21名である。このプロジェクトにより無辜の潔白が明らかにされると同時に、１６５の事件で真犯人が発見されている。[21] このプロジェクトの成果は高く評価されるべきであるが、雪冤された21名の死刑確定者は、本来は、通常の刑事手続において無罪にされるべきであったとも言えよう。特に、スーパー・デュー・プロセスを保障しているといわれる米国の刑事手続においては制度上あり得ない（あったとしても極めて稀な）事態である筈である。

さて、米合衆国においては事件の9割以上が有罪答弁によって処理される。アレインメント（罪状認否手続）において、被告人が有罪を認めれば、公判での証拠調べを経ずに有罪が認定される。効率的な事件処理のために、検察官は陪審裁判に進んだ場合に想定していた起訴事実を一段階又は二段階縮減した訴因（及び量刑）を被告人・弁護人に提示する。そこで事実上の取引が行われ、被告人側は陪審裁判を選択し、有罪となった場合に予想される重い量刑を避けるために取引に応じて有罪答弁をするのが通例である。誤判を避け、手続を適正にするために、有罪答弁をする際には弁護人の助力を受け、有罪答弁の任意性、知悉性が担保され、また、裁判官は有罪答弁には事実の裏づけがあることを確認することとされている。[22] そのような手続保障があってもなお、公判審理を受けて有罪判決を下された後の重い刑罰を受けることを恐れて有罪答弁をしてしまう被告人は少なくないのである。イノセンス・プロジェクトによれば、潔白と証明された３７５人中44人が自分が犯していない犯罪事実につき有罪答弁をしていたという。[23]

重罪での有罪答弁率も９割を超えており、中には、検察官の終身刑の申出を拒否して陪審裁判を受け、有罪と認定され、死刑を量刑された被告人もいるのである。[24]このように、米国では、後述する自動的上訴制度を殆どの州が採用して、死刑判決を上訴審で改めて審査し直す慎重な手続を用意している一方で、公判審理を受けないで（死刑判決を避けて）終身刑を受け入れる自己決定権も被告人には認められているのである。

(3)　手段二分論、評決の全員一致制

手続二分論とは、罪責認定手続（有罪・無罪の立証段階）と量刑手続（情状手続の立証段階）を明確に区別して、罪責認定後に量刑手続に移行すべきとする主張である。[25]手続二分論の目的は、手続を二分することにより、犯罪事実の認定に直接に関係しない量刑証拠が罪責認定に影響を及ぼすことを防止して、罪責認定の純粋性を確保すると同時に量刑手続においては、広範な量刑資料の提出を認めて刑罰の個別化を実現することである。このほかに、被告人の要望に従って無罪の主張・立証に弁護人が専念したが有罪とされた場合に情状立証の機会が制限されるという弁護人のジレンマを解消できるなどの利点も指摘されている。米国では、罪責認定手続と量刑手続とは明確に二分されており、各手続を担当する裁判体も別個のものである。

わが国は陪審制度を採用しておらず、両手続が明確に区分されてはいない。米国型の手続二分は、近年の裁判員裁判制度が創設された際にも採用されなかった。立法により手続を明確に区分する考え方に対する支持は多いとはいえない。とはいえ、罪責の決定に直接関わらない、または、関連の薄い情状証拠によって事実認定が不当な影響を受けるべきではない、との考え方に異論は見られない。なお、事実認定が不当な影響を受けるおそれのある場合とは、一定の限られた場合であり、自白事件は対象とはならない。犯人性や責任能力が厳しく争われている事件で

あり、また、より具体的には前科等被告人の身上・経歴や、被害者等の意見陳述等である。[26]

ア　前科・類似事案の使用制限

そこで、犯罪事実の立証と情状事実の立証をできるだけ区別して行う努力がなされてきた。まず、従来は、起訴状に被告人の前科、前歴が当然のように記載されていたが、現在では、前科が犯罪構成要件要素となっている場合（常習累犯窃盗）等公訴事実の内容になっている場合のほかは、原則として記載されないという。犯罪の動機・原因も、例外的に必要な場合に、簡潔に記載されるのみである。[27]

前科証拠を、被告人と犯人の同一性の立証に用いることができるかについて、判例は厳しい姿勢を採っている。すなわち、現住建造物放火の罪等で起訴された被告人の本件放火は何れも特殊な手段方法でなされたものであるとして、前刑放火に関する証拠の証拠能力が問題とされた事例で（第1審は特殊な手段・方法であることを否定し、控訴審は特徴的な類似性を肯定した）、最高裁平成24年9月7日第二小法廷判決は、次のように判示して、原判決を破棄・差し戻した。「前科、特に同種前科については、被告人の犯罪性向といった実証的根拠の乏しい人格評価につながりやすく、そのために事実認定を誤らせるおそれがあ（る）」「したがって、前科証拠は…前科証拠によって証明しようとする事実について、実証的根拠の乏しい人格評価によって誤った事実認定に至るおそれがないと認められるときに初めて証拠とすることが許される」。本件のような場合、「前科に係る犯罪事実が顕著な特徴を有し、かつ、それが起訴に係る犯罪事実と相当程度類似することから、それ自体で両者の犯人が同一であることを合理的に推認させるようなものであって、初めて証拠として採用できる」。本件の場合、放火の動機として特に際立った特徴を有するものとはいえないし、また、放火の態様もさほど特殊なものとはいえず、本件犯行が被告人によるものであると推認させる力は、さほど強いものとは考えられない。結局、本件前科証拠を被告人の犯人性の立証に用いることは「前刑放火の事実から被告人に対して放火を行う犯罪性向があるという人格的評価を加え、これをもとに被告人が本件放火に及んだという合理性に乏しい推論をするに等しく、このような立証は許されない」（刑集66巻9号907頁）。

また、最高裁平成25年2月20日第一小法廷決定刑集67巻2号1頁は、前述平成24年9月7日判決を踏襲した上で、同決定は、前科以外の被告人の他の犯罪事実の証拠を被告人と犯人の同一性の証明に用いようとする場合にも同様に当てはまるとして、次のように判示した。「前科に係る犯罪事実や被告人の他の犯罪事実を被告人と犯人の同一性の間接事実とすることは、これらの犯罪事実が顕著な特徴を有し、かつ、その特徴が証明対象の犯罪事実と相当程度類似していない限りは、被告人に対してこれらの犯罪事実と同種の犯罪を行う犯罪性向があるという実証的根拠に乏しい人格的評価を加え、これをもとに犯人が被告人であるという合理性に乏しい推論をするに等しく、許されないというべきである。」

起訴された犯罪事実を証明するために被告人の前科や類似事実を使用することは原則として許されない。これがわが国の判例・通説であり、また英米の証拠法則でもある（英国は２００３年に法改正があった）。この悪性立証禁止原則の根拠は、被告人の前科・類似事実の立証→被告人の犯罪性向の存在→公訴事実の存在の蓋然性、という二段階の推論過程があり、しかも、この推論過程には合理性・実証性が乏しい（推認力が弱い）との問題点があるため、裁判体に不当な予断・偏見を与え、誤判のおそれがある、ことに求められる。平成24年9月7日判決は原則に従って、被告人の前科証拠を犯人と被告人の同一性の証明に用いることを許さなかった。また、平成25年決定は、24年判決を踏襲しつつ、類似事実についても被告人と犯人の同一性の証明に用いることを許さなかった。

勿論、悪性立証禁止原則にも例外があり、両判決・決定ともその点は認めている。ただ、本原則の事案への当てはめについての評価は様々あり、最高裁が厳格な適用をしたとの評価が多い。悪性立証禁止原則の例外としては、①故意、目的、動機、知情等、犯罪の主観的要素を証明する場合（最三小判昭41年11月22日刑集20巻9号１０３５頁を参照)、②特殊な手口による同種前科の存在により犯人と被告人の同一性を証明する場合等が掲げられている。②の例外が認められるのは、犯罪の内容や手口の特殊性から、被告人が犯人であることを直接推認可能な場合であり、悪性格という推認力の低い中間項を介在させる必要がないからであると説明される。[28] ②に関係して、24年、25年判例は例外として許される基準を以下のように判示した。つまり、「前科証拠は、実証的根拠の乏しい人格評価によって誤った事実認定に至るおそれがないと認められるとき」具体的には「前科に係る犯罪事実が顕著な特徴を有し、かつ、それが起訴に係る犯罪事実と相当程度類似することから、それ自体で両者の犯人が同一であることを合理的に推認させるようなものであ」るときに証拠として許容されるという(24年判決)。判決は、本件放火に近接した時点に、その現場で窃盗に及び、十分な金品を得るに至らなかったという点で前刑放火の際と類似した状況にあり、また、放火の態様にも類似性があることは認めつつも、放火の動機として特に際立った特徴を有するものではないとし、また、放火の態様もさほど特殊なものとはいえず、放火が被告人によるものと推認させる力は、さほど強いものとは感じられないなどとして、被告人が放火に及んだという推論は合理性に乏しく、このような立証は許されないと判示した。紙幅の関係で詳論は避けるが、このような評価は例外についての従来の裁判例や学説よりも厳格であるとの評価も少なくない。[29] また、24年判決は、明示していないが、裁判員裁判における裁判員に対する影響を意識していると思われるとの評価もある。[30] ところで、25年決定には金築誠志裁判官の補足意見がある。同補足意見は、前科・類似事実が、実証的根拠の乏しい人格評価を介して裁判体に不当な予断・偏見を与え、誤判のおそれを生むとの根拠から原則として証拠能力が認められないとの点では共通しているが、前科と類似事実では違う場面があること、例外的に証拠能力が認められる「顕著な特徴」の判断方法、判例の射程距離等について貴重な示唆を与えているものである。例えば、24年判決の事案では、「窃盗の件数は31件の多数に上るのに、放火は1件にとどまるのに対し」、25年決定の事案では、「20件のうち半数において放火が起訴され、しかも約4ヶ月という短期間に多数の類似犯罪事実が連続的に犯されたというもので」、事案に重要な差異があることが指摘されている。次に、25年決定においては、被告人が多数の住居侵入・窃盗の犯人であることは、他の証拠によって立証されており」、犯人と放火犯人の同一性は、限局された範囲における推認であることも、考慮すべき点と指摘する。さらに、併合審理される類似事実については、前科のようにその存在自体で人格評価を低下させる危険性や争点拡散のおそれは、考え難いと指摘する。そして、それらの３点を総合的に考慮すると、25年決定事案において「顕著な特徴」という要件が満たされていると解する余地もあるのではないか、と結論するのである。25年決定の射程距離についても「あくまで原判決における証拠の使用方法を違法と判断したもの」と慎重である。前科・類似事実が被告人と犯人の同一性を証明するためにどこまで許容されるかについては今後の判例の展開を注意深く見守る必要があるであろう。何れにしても、判例が前科・類似事実の証拠としての使用に慎重であることを確認しておきたい。

イ　冒頭陳述における予断排除

検察官は、公訴事実を訴因という形で明示しなければならない（刑訴２５６条３項）。訴因の特定・明示は、裁判所に対して審判の対象を限定するとともに、被告人に対して防御の範囲を明確にするためである（最大判昭37年11月28日刑集16巻11号１６３３頁）。また、充実した公判の審理を継続的、計画的かつ迅速に行うために公判前整理手続が創設されたが、そこでは、事件の争点及び証拠の整理が行われる。同手続において、検察官は証明予定事実（公判期日において証拠により証明しようとする事実）を記載した書面を、裁判所に提出し、被告人又は弁護人に送付しなければならない（刑訴３１６条の13第1項）。証明予定事実には、犯罪構成要件事実だけでなく、それを立証するための間接事実や補助事実、情状に関する事実も含まれる。[31] 迅速かつ充実した公判審理を実現するためには、その準備活動のための証拠開示が必要で、広く両当事者からの証拠開示が認められている（刑訴３１６条の14～20）。そして、両当事者は、公判前（期日間）整理手続終了後は、やむを得ない事由がある場合を除き、証拠調べを請求することができない（刑訴３１６条の32第1項）（ただし、新たな主張を制限する規定はない）。そこで、検察官は主張とそれを支えるために必要な証拠は開示しなければならないのである。

次に、検察官は、証拠調べの初めに証拠により証明すべき事実を明らかにしなければならない（刑訴２９６条）。この冒頭陳述の目的は、審理の対象と防御の対象の全体像を明らかにして、裁判所が証拠の採否等の訴訟指揮を適切に行うことを可能にし、同時に、被告人側が検察官の立証方針に応じた適切な防御態勢を整えさせる、ことである[32]。証拠により証明すべき事実とは、公訴事実たる訴因を構成する事実と情状に関する事実である[33]。冒頭陳述において、検察官が陳述しなかった事実は、原則として立証することができない。他方で、検察官は、証拠とすることができず、又は証拠としてその取調べを請求する意思のない資料に基づいて、裁判所に事件について偏見又は予断を生ぜしめるおそれのある事項を述べることはできない（２９６条但書）。そこで、検察官は冒頭陳述において、何を述べ、何を述べてはいけないかが、述べる時期を含めて問題となる。

被告人の悪性格は犯罪事実として述べることは許されないが、情状として述べることは許される（最判昭8年5月12日刑集7巻5号９８１頁）[34]。前科・類似事実は、犯罪事実を立証する間接事実として述べることは原則として許されないが、前科が犯罪構成要件要素となっている場合とか主観的要素を証明する場合、そして、犯罪の手口、態様等に顕著な特徴がある場合には述べることが許されると解されている[35]。ただ、前科・類似事実等が情状にあたるので条文の解釈上（２９６条）、それらを冒頭陳述で述べることは適法である（違法ではない）としても、犯罪事実の認定に不当な影響を与えるのではないかとの懸念も出されており、それは可能な限り避けるべきであろう。そこで、運用上、犯罪事実に争いがある事案では、前科・類似事実については、前述の犯罪事実の認定に必要な（不可欠な）場合を除いては、量刑手続において調べるのが妥当であるとの見解が出てくる[36]（最判昭28年5月12日刑集7巻5号９８１頁）。

事実認定と量刑の手続が明確に二分されていない現行の刑事裁判の下で、有罪・無罪の結論を出す前に、前科を調べざるをえないことが事実認定に与えかねない影響を最小限に止めるため３つの方法が提言されている。第１に、そのような場合における前科は、「犯罪事実に関しないことが明らかな情状に関する証拠」（刑訴規則１９８条の3参照）として、犯罪事実に関する証拠の取調べとできる限り区別して行うこと、第２に、冒頭陳述での前科への具体的な言及を禁止すること、第３に、評議の冒頭において、前科は、専ら刑の重さを決めるための資料として採用したものであり、有罪・無罪の判定に用いることはできないことを明確に説明して裁判員の理解を得ること、が考えられるという[37]。事実認定に用いる証拠と量刑に用いる資料とを時期的（段階的）に可能な限り区別して事実認定の純粋性を確保しようとの見解の延長線上に運用上の手続二分論があるように思われる[38]。

運用上の手続二分論には傾聴すべき点が少なくない。ただ、前述してきたように、実務は相当に変わってきている。起訴状には、被告人の前科、前歴は原則として記載しない。また、犯罪の動機及び原因も原則として記載しない。犯罪事実が争われている場合は、冒頭陳述で前科、前歴の内容を情状事実として具体的に指摘することは、相当でないと解され、被告人側から異議が申し立てられれば、削除を命じることが相当であるとされている[39]。証拠調べにおいても、平成17年に、犯罪事実に属しないことが明らかな情状（一般情状）に関する証拠の取調べは、できる限り、犯罪事実に関する証拠の取調べと区別して行うよう努めなければならないと定められた（刑訴規１９８の3）。このような運用は従来からなされてきたことであるが、裁判員裁判における適正な心証形成を意識して、裁判所及び訴訟関係人の努力義務とされたという[40]。取調べの順序ついても、争いのある事件では、甲号証（犯罪事実の存否に関する証拠で被告人の供述書類以外のもの）の取調後に乙号証（被告人の供述調書類）の請求が行われる。犯人と被告人の同一性を証明するために前科・類似事実を使用することには、前述の如く、最高裁は極めて厳格な姿勢を示している。以上のように、実務の運用は、手続の各段階において、裁判体に不当な予断・偏見を与え、誤った判断をするおそれがないように、様々な努力をしてきている。

ウ　手続二分論の是非

手続二分論にも様々な見解がある。[41]立法による手続二分論と運用による手続二分論があり、前者には賛同者が多いとはいえず、[42]先の裁判員法制定の過程でも採用されなかった。

杉田宗久元教授・裁判官が提唱・実践した手続二分論的運用は、前述のような実務の運用の延長線上において、個別の事案に即して、現行法の枠内で、裁判体に不当な予断・偏見を与えないために必要な手続の試行の積み重ねにより、事実認定の純粋性の実現に寄与する可能性が期待できる。[43]ただ、手続二分論的運用は、あくまで現行法の枠内で、当事者主義の構造に反しない限度で行われるべきものである。従って、例えば、罪責認定手続と量刑手続との間に行われる中間評議の（一応の）結論にいかなる効力を認めるのか（法的拘束力を認めるのか、つまり、最終論告・弁論（裁判員規則51条）の前に最終結論を出してよいのか、それとも、事実上の拘束力にとどめるのか）、中間評議の示し方はどうするのか、などを慎重に構想しなければならない。

さて、手続二分論者が共通して指摘するのは、被害者等の意見陳述が情状証拠であるにも拘わらず、事実認定に大きな影響を与えるのではないかという懸念・批判である。しかし、まず、被害者等は、被害感情、処罰感情、科刑意見を述べることができるが（刑訴２９２条の２）、意見陳述は量刑上は一資料となるが、犯罪事実の認定のための証拠とすることはできない（刑訴２９２条の2第9項）。また、犯罪被害者等は、被害者参加人等として裁判への参加を申し出て、その申出を裁判所が相当と認めるときは、検察官の論告・求刑後に、訴因の範囲内において、事実又は法律の適用について意見を陳述することができる（刑訴３１６条の38第1項）。この弁論としての意見陳述も検察官を経由して行わなければならず、意見陳述が訴因を超える場合は裁判長によって制限される（同条2項・3項）。そして、この意見陳述は証拠とならない（同条4項）。これらの心情としての意見陳述も弁論としての意見陳述も、被害者等の申出を検察官を経由して、裁判所が相当と認めたときに許されるものであり、その手続と陳述の対象範囲は厳格に規制されており、陳述が相当でないときには裁判長によって制限される。また、これらの意見陳述は証拠調べ終了後に行われ、証拠にならないことも明定されている。[44] それらのことは、裁判員裁判において、裁判長から裁判員に適切に説明され、また、評議の中でも裁判員に誤解があれば訂正されているものと思われる。被害者参加制度については賛否両論あったが、法施行後の運用は比較的順調になされているとの評価が多数と思われる。[45]

ところで、今まで述べてきた手続二分論の主張は罪責認定の純粋性を担保することを中心的狙いとした二分論である。他方、刑罰の個別化を罪責認定の純粋性と同じか、それ以上に重視する二分論がある。[46] 死刑制度に賛成する国民が８割を超えるわが国において、制度として死刑廃止を実現するのが困難な状況の中で、死刑量刑を可能な限り少なくするため手続上の理論的根拠を提供する主張（戦略）といえるかもしれない。例えば日弁連刑事弁護センター死刑小委員会が発表した「手引き　死刑事件の弁護のために」（以下、「手引き」という）によれば、被害感情という感覚的・感情的なものが、理性や理論を超えて、裁判員・裁判官の判断に与える影響は大きいので、死刑事件（死刑が科される可能性のある事件）の否認事件等では、被害者参加そのものに反対し、少なくとも手続を二分し、量刑手続のみに参加が許されるべきと主張する。[47] 他方で、弁護人は、死刑を回避するために、被告人の成育歴・環境や遺伝的な要因、それらの解明のために少なくとも3世代に遡った徹底的な調査をすべきと主張する。[48] しかし、被害者等の意見陳述も被告人の主観的側面も一般情状であるのに、一方で、法律で認められている被害者等の意見陳述には合理的理由なしに反対し、他方で、どこまで関連性があるか疑わしい事情までをも量刑資料として認めるべきであるという主張は理解しがたい。刑罰の個別化は、被告人の改善・更生及び社会防衛のために広く量刑資料を考慮することであろうから、被告人に有利な事情ばかりを量刑資料とすべきとする見解は、刑罰の個別化の考え方にそぐわないし、少なくとも量刑の在り方として不公平である。また、永山判決（最判昭和58年7月8日刑集37巻6号609頁）の死刑量刑基準は、死刑判決における確固たる基準として適用されてきたといわれているが[49]、永山基準は9つの量刑事情を明示しており、これらは被告人に有利にも不利にも働く事情である。被告人に有利な事情のみを斟酌すべきとする見解は判例の立場を無視するものである。

ウ　評決の全員一致制

米国では、陪審の全員一致がなければ死刑の評決は許されない、との印象を与える論述がある。しかし、合衆国最高裁は、評決の全員一致制が憲法の要請だと判示したことはない。正確には、刑の加重事由の認定と死刑の評決の両方につき全員一致制を要求する州も少なくないが、刑の加重事由認定か死刑の評決の何れかについて全員一致制を要求する州を含めると死刑存置州の大多数を占めるということである[50]。確かに、全員一致制は死刑の評決を慎重にする一つの手段になりうるものであろう。しかし、他方で、陪審員の一人でも強硬な死刑廃止論者がいて、証拠によって凶悪な犯罪事実が証明され、その犯罪事実が先例に照らして問題なく死刑に相当する場合でも自分の信念を貫き死刑評決に反対する事態になると、その一陪審員に死刑判決に対する拒否権を与えることになってしまう。これは、刑事裁判が宣誓の上、法律と証拠に基づいて行われるという基本原理に反することで到底認められないであろう。わが国が死刑量定においても全員一致制を採用していない大きな理由もそこにある。米国では、陪審員選任手続（voir dire）において、理由に基づいて陪審員を忌避する手続において、検察官と被告人・弁護人が自分達に不利な（死刑に賛成する可能性が高いか否か）候補者を排除するために、候補者に様々な質問をして理由をつけた忌避権を行使することとなる。陪審員候補者を忌避できるか否かの重要な基準は、①死刑に反対するため、宣誓に従うことなく（証拠によって証明されているかに関わりなく）死刑に反対票を投ずることが、質問によって明らかであるか（Witherspoon v.Illinois 391 U.S.510（1968））又は、②死刑制度には反対であるが、証拠と法律によって死刑が相当と判断されれば、死刑に賛成することはありうることが質問そのほかの事情で判断できるか（Wainwrigt v. Witt 469 U.S.412（1985））である。この基準を適切に判断することは実は容易ではない。

わが国の裁判員裁判は両当事者による自分達に不利な判断をすると見込まれる裁判員候補者の排除合戦ともなり得る制度を予定していない。裁判員候補者が事件に関係する様々な質問（中には心地よくない質問もありうる）によって裁判員になることを躊躇しないか不安がある。全員一致制は採用せずに「偶然の」「不公平」な死刑判決を避けて、裁判員と裁判官の真剣な評議の結果、事実上は全員一致制かほぼそれに近い運用が行われているのは評価してよいであろう。また、全員一致制を採用すると、自分が死刑に賛成したことが公になり堪えられないとの死刑言渡経験者の声も無視できないであろう。[51] 次に死刑量刑の公平性を担保する重要な役割を果たしている控訴審における死刑量刑審査の状況について述べてみたい。

⑷　自動的（必要的）上訴制度

米国では殆どの州が自動的上訴制度を採用している。自動的上訴制度は死刑判決について量刑の恣意性を排除する一方策であるが、陪審の下した死刑判決が人種的偏見等に影響されているか、加重事由の認定が証拠に基づいているか、類似事件の量刑と均衡がとれているか、などにつき州最高裁判所が審査を行う制度である。[52] 上訴審の審査の内容・程度については、州によって異なるようであるが、憲法上は、類似事件との比較均衡審査は「何らかの実質的な審査」として十分であればよいとされているという。[53] また、自動的上訴制度においても上訴権の放棄は肯定されている。[54]

これに対してわが国においては、まず、死刑又は無期の懲役若しくは禁錮に処する判決に対する上訴は、放棄することができない（刑訴３６０条の２）。この上訴放棄の制限は、重い刑の裁判について、軽率な判断や一時の感情等から安易に上訴を放棄することがないようにするため、といわれる。[55] なお、上訴の取り下げにはこのような制限はなく、上訴申立後上訴審の終局裁判があるまで、いつでもすることができる（刑訴359条、360条）。[56] とはいえ、上訴の取下げにより上訴権は消滅するため（刑訴361条）、被告人の責めに帰することができない錯誤に基づく場合や訴訟能力を欠く場合は、取下げは無効となる。[57] 判例には、取下げを認めたものと認めなかったものがあるが、もとより事案毎の判断によるものである。死刑との関係で注目された判例として最決平7年6月28日刑集49巻6号785頁がある。[58] 同決定において、被告人は、5名の被害者の殺害等で死刑判決を受け、控訴した後、これを取り下げて、取下げの有効性が争われた。本件の原原決定は鑑定結果や弁護人の十分な助言・説得を受けていることなどを理由に、「申立人には、本件控訴取下げ当時、その意義を理解し、自己の権利を守る能力に欠けるところはなく、本件控訴取下げは有効である」と判示した（東京高決平4年1月31日高刑集45巻1号20頁）。また、原決定も二名の鑑定人の鑑定結果を検討した上、「申立人の妄想状態は……その人格を支配するようなものでなく、その訴訟能力に著しい影響を与えたものとはいえないことなどを理由として、申立人は控訴取下げの意義を理解し、真意に基づいて控訴を取り下げたものであり、自己の権利を守る能力に欠けるところはなかった」として、本件異議申立を棄却した（東京高裁平6年11月30日決定刑集49巻6号797頁）。これに対して、平成7年最高裁決定は、まず、「死刑判決に対する上訴取下げは、上訴による不服申立の道を自ら閉ざして死刑判決を確定させるという重大な法律効果を伴うものであるから、死刑判決の言い渡しを受けた被告人が、その判決に不服があるのに、死刑判決宣告の衝撃及び公判審理の重圧に伴う精神的苦痛によって拘禁反応等の精神障害を生じ、その影響下において、その苦痛から逃れることを目的として上訴を取り下げた場合には、その上訴取下げは無効と解するのが相当である」と判示する。続けて、その理由として「被告人の上訴取下げが有効であるためには、被告人において上訴取下げの意義を理解し、自己の権利を守る能力を有することが必要であると解すべきところ（最高裁昭和29年(し)第41号同年7月30

日第二小法廷決定・刑集8巻7号1231頁参照）、右のような状況の下で上訴を取り下げた場合、被告人は、自己の権利を守る能力を著しく制限されていたものというべきだからである」と判示した。

本決定は上訴取下げ能力の判断基準を示したものであるが、本決定が参照している昭和29年最高裁決定は、責任能力と訴訟能力を区別し、訴訟能力を「一定の訴訟行為をなすに当たり、その行為の意義を理解し、自己の権利を守る能力」であることを明確にした。そして、この定義はその後の裁判例の積み重ねによって定着していくが、平成7年2月28日第三小法廷決定（刑集49巻2号481頁）では、「訴訟能力、すなわち、被告人としての重要な利害を弁別し、それに従って相当な防御をすることのできる能力」と定義している。この第三小法廷決定の定義と本決定のそれとを比較してみると、前者は申立人の利害を理解する能力と相当な防御能力の「欠如」を基準としているが、本決定では、理解能力と防御能力が「著しく制限されていた」ことを基準としている。上訴取下げの有効性の基準としては「欠如」の場合より「著しく制限されていた」場合の方が無効と認める余地は広くなろう。死刑判決を確定させる重大な法律効果を伴うことを配慮すると、上訴取下げの有効性の判断基準はより厳格にすべき、逆に言えば、無効の判断をより広く認めるべきとの本決定の基準は受け容れやすいであろう。死刑量刑を慎重にするべきとの考え方に親和性のある判例である。わが国では、死刑を様々な手続段階において慎重かつ公平にしようという姿勢が表われている一断面と言えよう。

第５　わが国の量刑審査

米国においては、各州が刑事裁判権を有しているため、量刑においても一定の（時には大きな）バラツキが生じることが珍しくない。他方、わが国では、地域間の量刑格差がある（東京と大阪）といわれたことはあるが、仮にそうだとしても、米国のそれと比べると、大きな問題とは言えない。一般に、わが国においては、検察には求刑基準があり、裁判所には量刑相場があるため、巨視的に見れば、大きな格差のない、全国的に統一した基準に基づく量刑実務が行われていると言ってよいであろう。特に、死刑か無期懲役かの量刑については、そもそも、昭和55（1980）年度から平成21（2009）年度までの間に1審が終局した事件のうち、殺人既遂又は強盗殺人（強盗致死）で処断された人員は14，740人であり、このうち、死刑が求刑された事件は388人（2．6％）であり、死刑求刑自体が例外的である。[59] また、平成期30年間の死刑判決確定者の合計は233人（年平均は7．8人）であることからも慎重になされていることが推察される。[60]

死刑の事実認定・量刑が刑事手続の各段階において慎重になされていることを前述してきたが、最後に、上訴審の審査について述べてみたい。死刑量定が慎重かつ公平になされる上で上訴審は極めて重要な役割を果たしている。本稿では、第1審の裁判員裁判で死刑を宣告した二つの事件を控訴審が量刑不当を理由に破棄し、最高裁が原審を支持した二決定（最二小平27年2月3日刑集69巻1号1頁（以下、南青山事件という）及び99頁（以下、松戸事件という））を中心に言及したい。南青山事件決定と松戸事件決定とは、[61] 量刑不当の是非という争点が同じであるため、両決定の判示には共通する部分が相当に多い。

1　南青山事件の概要と決定要旨

被告人は、白昼、金品を強奪する目的で、港区南青山のマンションの被害男性方居室に無施錠の玄関ドアから侵入し、室内に居た当時74才の被害者男性を発見し、就寝中の被害者に対し、殺意をもって、いきなりその頸部にステンレス製三徳包丁（17・5㎝）で突き刺し即死させた。第1審の裁判員裁判は、永山判決（最判二小判昭58年7月8日刑集37巻6号609頁）の量刑要素やそれ以降の量刑傾向を踏まえた上で、被告人を死刑に処した。とりわけ、被告人の殺意が強固で、強盗目的を遂げるため抵抗の余地のない被害者を一撃で殺害するなど、殺害の態様等が冷酷非情なものであること、その結果が極めて重大であること、２人（妻と子）の生命を奪った殺人の罪等で懲役20年に処せられた前科がありながら、出所後半年で金品を強奪する目的で被害者の生命を奪ったことは、刑を決める上で特に重視すべきであり、被告人のために酌むべき事情がないかどうかを慎重に検討しても、死刑とするほかない、と判断したのである（刑集69巻1号2～4頁参照）。

これに対して原審は、本件は被害者が1名であり、殺害について事前に計画したり、当初から殺害の決意を持っていたとはいえない。また、被殺者1名の強盗殺人罪のうち、前科が重視されて死刑が選択された事案の多くは、無期懲役に準ずる相当長期の有期懲役に処せられた者の場合、その前科の内容となる罪と新たに犯した強盗殺人罪との間に顕著な類似性が認められる事案であるが、本件の前科は利欲目的の本件強盗殺人とは社会的に見て類似性は認められないなどとして第1審判決を破棄し、無期懲役に処した（刑集69巻1号82頁以下参照）。

最高裁は、死刑があらゆる刑罰のうちでもっとも冷厳で誠にやむを得ない場合に行われる究極の刑罰であるからその適用は慎重に、また、公平の確保にも十分に意を払わなければならないとした後、裁判例の集積から死刑の選択上考慮されるべき要素及び各要素に与えられた重みの程度・根拠を検討しておくこと、また、評議に際してはその検討結果を裁判体の共通認識とし、これを出発点として議論することが不可欠である。その上で、死刑の科刑が是認されるためには、死刑の選択をやむを得ないと認めた裁判体の判断の具体的、説得的な根拠が示される必要があり、控訴審は、第1審の判断が合理的なものといえるか否かを審査すべき、と判示した。

第1審判決については、本件は、被害者の殺害について事前の計画があったとはいえず、また、前科を除く要素を総合的に評価した場合、死刑の選択がやむを得ない事案とは言い難い。利欲目的の本件強盗殺人と前科の殺人とは関連が薄い。前科を除くと死刑の選択がやむを得ないとはいえない本件において、殺人罪の前科を過度に重視して死刑を言い渡した第1審判決は、死刑の選択をやむを得ないと認めた判断の具体的、説得的な根拠を示したものとは言い難いなどとして原審の結論を是認した。なお、千葉勝美裁判官の補足意見がある。

2　松戸事件の概要と決定要旨

被告人は、平成21年10月20日夜頃から翌21日未明頃までの間に、千葉県松戸市内のマンションの女性（当時21才）方居室に侵入した上、帰宅した同女に対し、金品強取の目的で、被害者宅で見つけて手元に用意していた包丁を突き付け、両手首を緊縛するなどの暴行脅迫を加え、金品を強取するとともに、殺意をもって被害者の左胸部を同包丁で、力を込めて3回突き刺すなどして出血性ショックにより死亡させて殺害した。被告人の殺意は極めて強固で、殺害態様は、執拗にして冷酷非情なものであった。また、被告人は翌日、現場に舞い戻り、犯罪の隠蔽を企てて火を放ち、被害者の死体を焼損するとともに、その部屋を全焼させた。この松戸事件の前後約2ヶ月間に、被告人は、①住居侵入・窃盗3件、②住居侵入・強盗致傷、③住居侵入・強盗致傷・強盗強姦・監禁・窃盗、④強盗致傷、⑤住居侵入・強盗強姦未遂の各犯行を犯している。

第1審の裁判員裁判は、⑴松戸事件の殺害態様が執拗で冷酷非情であり、放火も危険性が高い悪質な犯行であり、それらの結果が重大であること、⑵松戸事件前後の強盗致傷、強盗強姦等の事件が悪質で重大であること、⑶累犯前科や同種前科の存在にもかかわらず本件に及んだことが強い非難に値し、短期間の犯罪の反復累行性に現れた被告人の人格の反社会性が顕著であること、⑷被告人が真に反省しているとは評価できず、更生可能性に乏しいことのほか、被害者等の処罰感情が厳しいことなどに鑑みると、本件では殺害された被害者が一人であること、松戸事件の被害者の殺害に計画性がないことなどを十分考慮しても、被告人の刑事責任は誠に重いと断じて、死刑判決を言い渡した（刑集69巻1号114頁以下参照）。

これに対して原審は、松戸事件の殺害態様が冷酷非情であり、放火も危険性の高い悪質な行為であることを認めつつも、松戸事件は、いかなる意味においても計画的な殺害行為ということはできないし、先例の傾向を見ると、殺害された被害者が1名の強盗殺人でその殺害行為に計画性がない場合には死刑は選択されないという傾向が見られる。また、松戸事件以外の事件については、その重大悪質な犯情や行為の危険性をいかに重視したとしても、死刑の選択はあり得ない。死刑が選択されないという一定の先例の傾向がある場合に、その傾向に沿った判断をしない事情があるときには、その合理的かつ説得力のある理由が示される必要があるが、第1審の判断は合理的かつ説得力のある理由を示したとはいえない、として第1審の判断を破棄して、無期懲役を言い渡した。

最高裁は、南青山事件と同様に、究極の刑罰である死刑の適用は慎重かつ公平性の確保の観点から、裁判例の集積から死刑の選択上考慮されるべき要素及び各要素に与えられた重みの程度・根拠を検討しておくこと、また、評議に際しては、その検討結果を裁判体の共通認識とし、それを出発点として議論することが不可欠で、その上で、死刑の科刑が是認されるためには、死刑の選択をやむを得ないと認めた裁判体の判断の具体的、説得的な根拠が示される必要があると判示した。このような観点から見ると、松戸事件が被害女性の殺害を計画的に実行したとは認められず、松戸事件以外の事件の悪質性や危険性、被告人の前科、反社会的な性格傾向等を強調して死刑を言い渡した第1審判決は、本件において死刑の選択をやむを得ないと認めた判断の具体的、説得的な根拠を示したものとはいえない、として原審の判決を是認した。なお、千葉勝美裁判官の補足意見がある。

3　最高裁平成27年2月3日第二小法廷決定の意義

(1)　わが国で「死刑は特別である」か

最高裁二決定（南青山事件と松戸事件）は、その文言、内容、結論において、死刑が懲役刑とは異なる特殊性があるためその適用に当たっては、より厳格な慎重さと公平性が求められるとの立場を明確にしている。

まず、量刑の公平性について、最高裁平26年7月24日判決（刑集68巻6号925頁、寝屋川事件ともいう）[62]は、親による児童虐待の傷害致死事案で、検察官の求刑懲役各10年に対して、第1審が各懲役15年の刑を言い渡し、原審もこれを維持したのに対して、原判決及び第1審判決を破棄し、被告人Xを懲役10年に、被告人Yを懲役8年に処した。26年判決の関連判示部分は以下の通りである。先例の集積による量刑傾向は、直ちに法規範性を帯びるものではないが、量刑を決定するに当たり、その目安とされるべきものである。裁判員裁判も、他の裁判結果との公平性が保持された適正なものでなければならず、評議に当たっては、これまでのおおまかな量刑の傾向を裁判体の共通認識とした上で、これを出発点として当該事案に相応しい評議を深めていくことが求められている。もとより、これまでの傾向を変容させる意図で量刑を行うことも、直ちに否定されるものではないが、そうした量刑判断が公平性の観点からも是認できるものであるためには、従来の傾向を前提とすべきではない事情の存在について、裁判体の判断が具体的、説得的に判示されるべきである。ところが、本件では、これまでの量刑の傾向から踏み出し、検察官の懲役10年という求刑を大幅に超える懲役15年という量刑をすることについて、具体的、説得的な根拠が示されているとは言い難い、と判示した。

裁判員制度の目的は、刑事裁判に国民の視点、健全な常識を反映させることによって、刑事裁判に対する国民の理解と信頼の向上に資することである（裁判員法1条）から、量刑においても相応の変容があり得ることは想定されている。他方、量刑の公平性は刑事裁判における基本的要請である。量刑の傾向に（強い）拘束力（法規範性）を認めると国民の健全な常識を量刑にも反映させるとの裁判員制度の趣旨を阻害しかねないおそれがあるが、他方で、類型が共通する事案の間で量刑に大きなバラツキが目立つようでは刑事裁判の基本的要請である公平性、延いては行為責任の原則、罪刑均衡原則にも悖るおそれがある。26年判決は、先例の集積それ自体は直ちに法規範性を帯びるものではなく、目安とされる意義がある、として量刑傾向に拘束力（法規範性）を認めてはいない。しかし、量刑傾向を視野に入れた判断は量刑判断のプロセスの適切性を担保する重要な要素であるから、評議に際しては、量刑傾向を裁判体の共通認識とした上で、これを出発点として評議を深めていくことが求められるとしている。この量刑傾向を裁判体の共通認識とした上で、出発点として評議を深めるとの意味は裁判員が量刑傾向の内容を正しく理解し、裁判官との実質的な協働を可能にする濃い内容を持ったものであることが推察される。白木裁判官の補足意見によれば、裁判員裁判を担当する裁判官は、量刑評議の在り方について日頃から研究し、考えを深めておき、評議においては、裁判員に対し同種事案においてどのような要素を考慮して量刑判断が行われてきたか、あるいは、そうした量刑の傾向がなぜ、どのような意味で出発点となるべきなのかといった事情を適切に説明する必要がある、つまり、量刑の傾向の意義や内容を裁判員に十分理解してもらって初めて裁判員と裁判官の実質的な意見交換を実現することが可能になると考えるのである。このような実質的な評議が実現されるならば、評議の結果である量刑も合理的なものとなる可能性が高いと考えられたのであろう。また、26年判決は、量刑傾向自体には法規範性は認められないとしているので、当然、量刑傾向を変容させる意図を持って量刑を行うことも否定していない。ただ、その場合は、量刑を変容する事情の存在を具体的、説得的に判示しなければならないとしている。26年判決の事案においては、児童虐待を防止するための近時の法改正からもうかがえる児童の生命等尊重の要求の高まりを含む社会情勢の重視だけでは具体的、説得的な根拠とはならないと判示している。加えて、検察官の懲役10年という求刑を大幅に超える懲役15年という量刑が具体的、説得的根拠を示したとはいえないと判示している。量刑傾向を共通認識とした上で、評議の出発点として実質的な評議を深めれば、量刑判断のプロセスの適切性が担保されるので、当該事案の量刑判断も量刑傾向の範囲内に収まるか、はみ出るとしても大幅なはみ出しではない合理的な範囲に止まると期待してもも不自然とまではいえないともいえる。しかし、量刑傾向を大幅に超える（量刑傾向を変容させる）量刑をするときは、合理性の担保の要素を欠くのであるから、量刑傾向を変容させる具体的、説得的な根拠が示されなければならない、と本判決は考えたのであろう。[63]この量刑傾向を変容するには具体的、説得的根拠を示す必要があるとの判示には、量刑傾向の枠の踏み外しに対する有効な規制となるだけでなく、裁判員に対する説得材料になるであろうとの解釈は説得力がある。[64]他方で、本判決は、量刑傾向は「目安とされる」点に意義があり、評議の際の「おおまかな量刑傾向」を共通認識とする表現を用いることにより、控訴審に、量刑傾向に過度に依存した量刑判断を行うようになることを避けようとした配慮も見られる、とも解説されている。[65]これらのことから考えると、本判決は、公平性の観点から、先例の集積たる量刑傾向の合理性を肯定し、量刑傾向に一定の事実上の規制力を認めた一方で、裁判員制度の趣旨を否定する意図ではないことを明確にしているので、（強い）拘束力（法規範性）を認めたとまでは言えないであろう。ともあれ、本件は、有期刑について求刑を超える量刑について判示したものである。死刑について最高裁はどのように考えているであろうか。

⑵　平成27年二決定の意義

27年二決定は、①死刑は懲役刑とは異なり、取り返しがつかない究極の刑罰であるため、その適用の手続を厳格にし、また、②そのことに関連して、死刑適用の手続の在り方として、上級審の判断に拘束力を認めると、死刑事件をも対象にした裁判員制度の趣旨に反するのではないか、等につき重要な判断を下している。27年二決定は他にも量刑の本質に関わる重要な論点があるが、それらについては紙幅の関係もあり、機会があれば別稿に譲りたい。27年二決定は死刑の量刑の手続につき懲役刑とは違う、より厳格な基準を示したとの見解が一般的であり、その点では私見も同じである。

26年判決は、おおまかな量刑の傾向を裁判体の共通認識とすることを評議の出発点とすべきとしていたが、27年二決定は、死刑は究極の刑罰であるから、慎重な適用と公平性の確保の観点から、裁判例の集積から死刑の選択上考慮されるべき要素及び各要素に与えられた重みの程度・根拠を検討した結果を裁判体の共通認識とし、それを評議の出発点として議論することが不可欠であるとする。その上で、死刑の選択がやむを得ないと認めた裁判体の判断の具体的、説得的な根拠が示される必要がある、と判示した。つまり、27年二決定は、評議の出発点として持つべき共通認識につき、おおまかな量刑の傾向ではなく、裁判例の集積から死刑の選択上考慮されるべき要素及び各要素に与えられた重みの程度・根拠を検討した結果とし、その検討結果を出発点とした議論が不可欠であるとした。裁判例の集積の検討自体は裁判官が担うべき事項であり（裁判員法6条2項1号）、裁判官は職責を果たすべく、個々の事件の内容に応じて裁判体全体の認識の共通化を図る必要があると考えられるものにつき、与えられた重みの程度・根拠を検討しておいた結果を簡明に示すことが想定されているという。具体的には、殺害された被害者の数が死刑の選択に大きな影響を与える重みをもった要素であるとか、殺害の被害者が1名の場合、殺害について事前の計画があったか否かが死刑選択に相当程度影響を与える要素と位置づけられてきたとの説明が考えられるという。[66] このような裁判官の説明を受けつつ、裁判体は量刑要素の総合的な評価を行い、死刑の選択が真にやむを得ないと認められるかを、死刑適用の慎重性と公平性の確保の観点を踏まえて議論を深めなければならない。その上で、死刑が是認されるためには、死刑の選択をやむを得ないと認めた裁判体の判断の具体的、説得的な根拠が示される必要があるのである。裁判官が適切な「検討結果」を作成し、それを簡明に説明するためには相当な労力が必要とされるであろうし、また、裁判員が裁判官の「検討結果」を正しく理解し、評議において当該事案の量刑についての議論を深めることは想像を超える集中力が求められるであろう。さらに、ひとつとして同じものはないといわれる事件の中で、当該事案の死刑判断について、真にやむを得ない、具体的、説得的な根拠を示すことは相当な困難を伴う作業であることが推測される。ましてや、当該事案が死刑か無期懲役かの限界事例とも評される本事件[67]（南青山事件と松戸事件）において、永山事件では明示されていなかった「計画」の要素の重みの程度・根拠をいかに判断するかは、より困難で重い職務を裁判体（特に裁判員）に課すものであろう。「計画」は重要な犯情の一つであるが、事案によって認定が難しい場合がある主観的要素である。松戸事件決定は、第1審の事実関係の認定に誤りはないと認め、また、殺害された被害者が1名の事案においても死刑の選択がやむを得ないと認められる場合があることも認めている。しかし、同決定は、殺害された被害者が1名の強盗殺人事件の本事案では、事前の計画が認められないにも拘らず、他方で、前科や反社会的な性格傾向を重視して死刑を選択した第1審の判断は具体的、説得的根拠を示したものとはいえないと判示した。最高裁は死刑事件と非死刑事件とで異なった態度をとる道を開いたのではないか[68]（米国でいう死刑は特別である）との評価が正しいかは別として、少なくとも死刑判断には極めて厳格な姿勢を示したことは間違いないであろう。

次に、最高裁は死刑判断の在り方について、上級審の判断に拘束力を認めたのであろうか。国民の視点、常識が反映されて言い渡された筈の第1審の裁判員裁判の死刑判決が、裁判例の集積の検討結果（先例の傾向）と整合性がないから、言葉を変えれば、より高い判断能力を持つことが制度上予定されている上訴審の裁判官の裁判を優先させる立場から裁判員裁判を破棄するというのであれば[69]、裁判員裁判の趣旨は大きく阻害されることになりかねず、仮にそうであれば、死刑事件は裁判員裁判対象事件から除外することも考えられるべきとの見解も出てくるのである[70]。このような見解が示されるほど27年二決定は死刑選択の基準を厳格なものと考えているといってよいであろう。ただ、結論を急げば、27年二決定はその影響力は相当に大きく射程もかなり広いものとなろうが、あくまでも事例に即した判断であり、また、永山判決以来の「総合判断」を維持しているので、上級審の判断に例外のない拘束力を認めたものとまではいえないであろう。千葉勝美裁判官の補足意見にあるように、決して従前の裁判例を墨守すべきであるとしているのではあるまい。裁判例の集積の検討結果から見出される量刑判断の本質を裁判体の共通認識とした上で、慎重に、かつ、公平性の確保に十分に留意し、十分に時間をかけて充実した議論を深め、死刑の選択がやむを得ないと認めた具体的、説得的な根拠を示すことができれば、死刑の選択も許されるということであろう。(71)

(3)　小括

以上、死刑事件の事実認定・量刑において、わが国は極めて慎重な法実務を形成してきたといえよう。米国では「死刑は特別である」との認識から死刑事件の事実認定・量刑は慎重な手続の下に行われているのに対して、わが国は特別に慎重な手続を採用していないとの見解は適切とはいえないことを論じたつもりである。米国の死刑制度の運用に学ぶべきことは依然として多いが、私見によれば、全体としてみれば、わが国の死刑制度の運用の方が事実認定、量刑両面においてより慎重であると評価してよいと思われる。

第6　結びにかえて

最後に、警察官の過剰な実力行使により被疑者を死亡させる問題について述べたい。ワシントン・ポストの調査等によれば、米国では、２０１３年から毎年1、０００人近くの市民が警察官の銃の発砲により殺害されたという。(72) Summary Execution（現場射殺）ともいわれている。この約1、０００人の中には、警察官の正当業務行為、正当防衛、緊急避難にあたる場合等が含まれており、具体的には、警察官の法執行の過程において、対象者が銃器で反撃を試みたり、逃亡したり、精神異常のため攻撃したと思われたりして殺害された者等である。武器を持たない者が殺害された事例もあるが、その数は多くはなく、また、減少傾向にあるという。また、米国では、人種差別による法執行の問題と重なり、深刻な課題である。米国では、武器を持つ権利が国民に保障されており（合衆国憲法第2修正）、これを理由に、また、銃所持に賛成するロビー団体が強力であることなどから、銃の規制が十分になされているとはいえない背景の下、銃が社会に広く行き渡り、銃を用いた犯罪も多く、これを取り締まる側の警察官も身を守りながら（殉職者の数も少なくない）、職務を執行するために銃の使用が一定の要件の下に許されている。[73] ちなみに、わが国では、警察官の武器の使用は警察官職務執行法7条等によって規制され、実際に、警察官の武器の使用により犯人を死亡させた事例は、昭和45（1970）年の旅客船ぷりんすシージャック事件（広島地決昭46・2・26刑裁月報3巻2号310頁）や昭和52年の長崎バスジャック事件等少数に限られている。[74] 昭和47年の連合赤軍による浅間山荘事件では、犯人の銃撃により2名の警察官の命が奪われたが、犯人5名は生きたまま逮捕されている。

法執行の過程で被疑者を死亡させてしまうことの問題点は、正当防衛等正当な理由がある場合は別として、裁判を経ないで死亡させてしまうため、裁判を受けて有罪と認定された場合でも、その罪が死刑に相当しない場合でも生命が奪われてしまうことにある。刑事裁判は、捜査、訴追、公判、上訴等全ての段階において、適正かつ公平な手続の下に、誤りがないよう運用されることが重要である。究極の刑罰である死刑の事実認定・量刑の手続は特に慎重かつ公平になされなければならない。死刑は特別であるからスーパー・デュー・プロセスが求められるとの主張はそのことを強調している。ところが現場射殺は、事実認定、量刑、上訴というフル・スケールの裁判を受ける権利の保障を受けるどころか刑事手続の最初の段階である捜査において被疑者の生命が奪われてしまうのである。死刑の認定が慎重な今日においては、死刑に値しない可能性が高い被疑者の生命を裁判を受ける前に奪ってしまう現場射殺の問題を議論の対象にしないことには大きな疑問を感じざるを得ない。現場射殺が多数発生する国の刑事法の運用は誇れるものではない。

（1）スーパー・デュー・プロセスについては、小早川義則『デュー・プロセスと合衆国最高裁Ⅳ』（成文堂、２０１３年）２７７頁以下、田鎖麻衣子「死刑事件における適正手続」刑弁83号１２０頁以下、笹倉香奈「死刑事件と適正手続―アメリカにおける議論の現状」法時91巻5号１２９頁以下、ディビッド・T・ジョンソン（笹倉香奈訳）『アメリカ人のみた日本の死刑』（岩波新書、２０１９年）、Margaret Jane Radin, Cruel Punishment and Respect for Persons : Super Due Process for Death, 53 S. Cal. Rev.1143（1985）等を参照。

（2）椎橋隆幸編『米国刑事判例の動向Ⅴ』（以下、「動向Ⅴ」という）（中央大学出版部、２０１６年）は１９７７年から２０１４年に出された死刑に関係する合衆国最高裁判例49件を紹介・解説したものである。また、岩田太『陪審と死刑』（信山社、２００９年）は合衆国死刑制度の詳細な研究である。さらに、鈴木義男編『アメリカ刑事判例研究第1巻～4巻』（成文堂、１９８２～１９９４年）、田中利彦編『アメリカの刑事判例Ⅰ、Ⅱ』（成文堂、２０１７、２０１９年）中の死刑事件の評釈を参照。

（3）岩田・前掲注（2）１７６頁以下、笹倉・前掲注（1）１３２頁以下参照。

（4）笹倉・前掲注（1）１３３頁以下など。

（5）ファーマン判決及びグッレグ判決までの米国最高裁判例の意義等につき以下の文献等を参照。三井誠「米連邦最高裁『死刑違憲判決』の検討」法時44巻12号83頁、井上正仁「アメリカにおける死刑判決の現況―その概観」ジュリ７９８号38頁、渥美東洋「死刑はアメリカで〝復活〟するか」判タ５５２号7頁、小早川義則『デュー・プロセスと合衆国最高裁Ⅰ』59頁、生田典久・ジュリ６２６号97頁、同６２７号95頁、椎橋・前掲注（2）「はしがき」など。

（6）本件については、椎橋編・動向Ⅴ8事件（小木曽綾担当）87頁以下、小早川・同前１３５頁以下等を参照。

（7）本件については、椎橋編・動向Ⅴ11事件（小木曽綾担当）１１１頁以下等を参照。

（8）本件については、椎橋編・動向Ⅴ9事件（堤和通担当）93頁以下等を参照。

（9）本件については、椎橋編・動向Ⅴ10事件（堤和通担当）99頁以下等を参照。

（10）本件については、椎橋編・動向Ⅴ18事件（壇上弘文担当）１９３頁以下、鈴木義男『アメリカ刑事判例研究第1巻』（新

倉修担当）270頁以下、田鎖・前掲注（1）172頁等参照。

(11) 本件については、椎橋編・動向Ⅴ25件（成田秀樹担当）265頁以下等参照。

(12) 本件については、椎橋編・動向Ⅴ26事件（成田秀樹担当）274頁以下等参照。

(13) 本件については、椎橋編・動向Ⅴ27事件（中野目義則担当）299頁以下を等参照。

(14) 本件に関連する判例の解説として、椎橋編・動向Ⅴ23事件（隅田勝彦担当）232頁以下等参照。

(15) 本件については、椎橋編・動向Ⅴ28事件（中野目義則担当）309頁以下等を参照。

(16) 例えば、渥美東洋『刑事訴訟法を考える』（日本評論社、1988年）290頁等を参照。

(17) 本庄武『少年に対する刑事処分』（現代人文社、2014年）336頁をも参照。

(18) 笹倉香奈・法セミ732号80頁などを参照。

(19) 葛野・法セミ678号36頁などを参照。

(20) 後藤貞人＝後藤昭ほか編『実務体系現代刑事弁護2』（第一法規、2013年）128頁。

(21) Exonerate the Innocent https://www.innocence project.org/exonerate/ を参照。

(22) 椎橋隆幸『刑事弁護・捜査の理論』（信山社、1993）165頁以下、エイブラハム・S・ゴールドシュテイン著／渥美東洋監訳『控えめな裁判所―検察官の裁量と有罪答弁―』（日本比較法研究所、1985年）等を参照。

(23) 前掲注（21）を参照。

(24) また、検察官の5年の収監刑の申出を拒絶して陪審裁判を受けた結果、有罪と認定され、終身刑を科された判例として、Bordenkircher v. Hayes,434 U.S. 357（1978）を参照。なお　椎橋隆幸「証拠収集方法の多様化の意義」刑ジャ43号9頁、宇川春彦「司法取引を考える⑴～⒄」判時1583～1627号等を参照。

(25) 手続二分論については、立法による手続二分論と運用による手続二分論がある。前者を実現するためには相当大きな法改正が必要と推測され、課題が多い。後者は実務上取り入れられている部分が少なくないが、力点の置き方が論者によって異なる。詳しくは注（41）の文献を参照。

(26)　青木孝之「裁判員制度と手続二分」指宿信ほか編『裁判所は何を判断するか』（岩波書店、２０１７年）95頁以下参照。
(27)　検察講義案（平成30年度版）73頁以下参照。
(28)　伊藤雅人「類似事実による立証について」『植村立郎判事退官記念論文集第一巻』（立花書房、２００１年）３６８頁などを参照。
(29)　吉川崇「前科証拠を被告人と犯人の同一性の証明に用いることが許されないとされた事例」研修７７４号19頁参照。また、24年判決と25年決定については、前田雅英、警察官論集65巻11号１６２頁、佐藤隆之・ジュリ１４５３号１８４頁、津村政孝・法教３６０号別冊付録39頁、岩崎邦生・最判解平24年２７５頁、同平25年１頁、玉本将之・研修７７９号13頁、笹倉宏紀・刑訴法判例百選〔第10版〕１４４頁、松田岳士・判評６６２号１６１頁、深沢茂之・警察学論集72巻５号１２９頁、齋藤実「同種前科による犯人性の立証について」獨協法学１０８号２１８頁等を参照。
(30)　吉川・同前31頁参照。
(31)　松尾浩也監修『条解　刑事訴訟法〔第４版〕』（弘文堂、２００９年）７４１頁。検察講義案（平成30年版）１１３頁によれば、いわゆる一般情状に属する事実も含まれるという。
(32)　伊藤栄樹ほか編『注釈刑事訴訟法〔新版〕第４巻』（立花書房、１９９７年）２０７頁〔佐々木史朗〕を参照。
(33)　同前２０８頁等を参照。
(34)　同前２１０頁等を参照。
(35)　同前２１０頁、河上和雄ほか編『大コメンタール刑事訴訟法〔第二版〕第６巻』（青林書院、２０１１年）１８７頁〔高橋省吾〕などを参照。
(36)　石井一正『刑事実務証拠法〔第五版〕』（判例タイムズ社、２０１１年）２８３頁などを参照。
(37)　伊藤雅人・前掲注（28）３７４〜３７５頁。
(38)　伊藤・同前３７５頁は次のように述べる。「何らかの理由で、前科等、専ら量刑に関する証拠の内容についても冒頭陳述をさせる必要があると認められる場合には、犯罪事実の存否に関する証拠調べが終了した段階で中間評議を行い、前科を

含めて専ら量刑に関する証拠の内容についての冒頭陳述はその後にしてもらうという運用を検討すべきだろう。」

(39) 伊藤ほか・前掲注(32)209頁〔佐々木史郎〕、河上ほか・前掲注(35)186頁〔高橋省吾〕、石井・前掲注(36)65頁以下、伊丹・合田ほか・前掲注(57)654頁〔井下田英樹〕などを参照。

(40) 伊丹・合田ほか664頁〔井下田英樹〕。

(41) 手続二分論の文献を以下に示す。岩瀬徹「手続二分論」熊谷弘ほか編『公判法体系Ⅱ』(日本評論社、1975年)139頁、田口守一「公判二分論の今日的意義」高田卓爾博士古稀祝賀論文集刊行委員会編『高田卓爾博士古稀祝賀論文集』(三省堂、1991年)149頁、福井厚「西ドイツにおける刑事手続二分論」岡山大学法学会雑誌22巻2号151頁、上田國廣「裁判員裁判と手続二分論」刑弁44号34頁、青木孝之「争いのある事件における手続二分」刑弁72号31頁、佐伯昌彦「手続二分と量刑」宮澤古稀『現代日本の法過程下巻』250頁、神山啓史＝岡慎一「手続二分的運用と弁護人の課題」自正61巻9号72頁、山田道郎「冒頭陳述、手続二分および裁判員制度」『鈴木茂嗣先生古稀祝賀論文集』(成文堂、2007年)738頁など。

(42) 池田修『解説　裁判員法―立法の経緯と課題』(弘文堂、2005年)108頁などを参照。

(43) 杉田宗久『裁判員裁判の理論と実践〔補訂版〕』(成文堂、2013年)特にⅦ章とⅩ章を参照。

(44) 被害者等が、一定の犯罪において、裁判所の許可を受けて、一定の要件の下に、刑事裁判への参加を認めるなどを内容とする被害者の「権利利益保護法」(平成19年6月成立・交付)の内容については、岡本章・刑ジャ9号8頁、親家和仁・警察学論集60巻10号109頁、白木功＝飯島泰＝馬場嘉郎・曹時60巻9号33頁、同10号25頁などを参照。

(45) 三村三緒「証人等の保護」松尾浩也＝岩瀬徹『実例刑事訴訟法Ⅱ』(青林書院、2012年)256頁など多数。また、川出敏裕「犯罪被害者の刑事手続の参加」ジュリ1302号41頁、滝沢誠「被害者参加制度について」刑雑54巻2号172頁。椎橋隆幸「刑事手続における犯罪被害者の法的地位」第Ⅳ部特に20章を参照。

(46) 四宮啓「日本における死刑量刑手続について―その公正性・倫理性そして憲法適合性」高橋則夫ほか編『曽根威彦先生・田口守一先生古稀祝賀論文集(下)』(成文堂、2014年)771頁などを参照。

(47) 日本弁護士連合会刑事弁護センター死刑小委員会「手引き　死刑事件の弁護のために」(平成27年10月7日) 39頁。なお、「手引き」に対する批判として高橋正人「被害者参加制度に対する手引きの問題点について」判時2278号11頁を参照。
(48) 同前・39頁、また、奥村回「手引き『死刑事件の弁護について』に対する意見・批判について」刑弁86号109頁以下、四宮・前掲注(46) 824頁などを参照。
(49) 原田國男「わが国の死刑適用基準について」井田良＝太田達也編『いま死刑制度を考える』76頁。
(50) 笹倉香奈「死刑事件における量刑の全員一致制について―アメリカの最近の状況を中心に」『浅田和茂先生古稀祝賀論文集・下巻』(成文堂、2016年) 585頁、本庄武「死刑選択における全員一致制の意義」同567頁を参照。
(51) 原田・前掲注(49) 83頁、守屋克彦「裁判官の説示、評議のあり方、多数決議の見直し」刑弁72号39頁参照。
(52) Gregg v. Georgia, 428 U.S. 153 (1976)、また、岩田太『陪審と死刑』(信山社、2009年) 183頁を参照。
(53) 岩田・前掲注(52) 183頁を参照。
(54) Gilmore v. Utah,429 U.S. 1012 (1976)、岩田・同前183頁を参照。
(55) 河上ほか『大コンメンタール刑事訴訟法〔第二版〕第9巻』(青林書院、2011年) 52頁〔原田國男〕。
(56) 松尾・前掲注(31) 1004頁。
(57) 河上ほか・前掲注(55) 47頁〔原田〕、伊丹・合田編集代表『逐条実務刑訴法』(立花書房、2019年) 1038頁〔柳清隆〕。
(58) 本決定の評釈として、中谷雄二郎・最判解平7年260頁、宇藤崇・法教184号100頁、藤田昇三・研修572号15頁、松本一郎・重判解平7年171頁、鬼塚賢太郎・判評451号229頁を参照。
(59) 井田良＝大島隆明＝園原敏彦＝辛島明『裁判員裁判における量刑評議の在り方について』司法研究報告書第63輯第3号108頁。
(60) 法務省法務総合研究所編『令和元年度犯罪白書―平成の刑事政策』117頁―118頁。
(61) 最高裁平成27年2月3日の二決定について論評する文献は以下の通り。石田寿一・最判解平27年1頁、前田雅英・捜査

研究７７１号69頁、加藤俊治・研修８０４号15頁、原田國男・法教４１８号34頁、角田正紀・刑ジャ46号１３４頁、小池信太郎・刑法雑誌55巻2号１５８頁、同・重判解平27年１８０頁、柑本美和・法教別冊付録30頁、村井敏邦・新判例Watch18号１５１頁、石田寿一・曹時69巻3号９６４頁、石田倫識・法セミ７２５号１２２頁、村井宏彰・刑弁87号１２４頁、笹倉香奈・刑弁87号１２９頁、岡上雅美・井田良ほか編『山中敬一先生古稀祝賀論文集（下）』（成文堂、２０１７年）５６５頁、伊藤博路・名城ロー35号１１７頁、楡井英夫・曹時67巻8号２４２９頁、三島聡編『裁判員裁判の評議デザイン』（日本評論社、２０１５年）２２８頁〔本庄武〕、城下裕二『現代日本の法過程―宮澤節夫教授古稀記念―下巻』（信山社、２０１７年）１１７頁、本庄武・川端博ほか編『理論刑法学の探究９』（成文堂、２０１６年）85頁など。

(62) 最高裁平成26年判決を論評したものは以下の通りである。楡井英夫・最判解平26年２７２頁、城下裕二・札幌学院法学31巻2号１２９頁、原田國男・刑ジャ42号43頁　同・『世界』平成26年12月号１８８頁、前田雅英・捜査研究７６３号６３０頁、小池信太郎・法時１０７８号1頁、波床昌則・刑ジャ43号１７２頁、松宮孝明・法セミ59巻12号１１１頁、笹倉香奈・法セミ59巻12号１１２頁など。

(63) 楡井・前掲注(62)２８７頁以下、小池・刑法雑誌５５巻2号３５５頁などを参照。

(64) 原田「量刑論」法教４１８号38頁参照。

(65) 楡井・前掲注(62)・２９１頁参照。

(66) 石田寿一・ジュリ１４８１号71―72頁。

(67) 前田雅英「裁判員裁判と量刑」安廣文夫編著『裁判員裁判時代の刑事裁判』（成文堂、２０１５年）２４０頁、小池・前掲注(63)３５８頁、伊藤・名城ロー第35号１２８頁参照。

(68) 岡上・前掲注(61)５８１頁。

(69) 小池・前掲注(63)３５８―３６０頁参照。

(70) 伊藤・前掲注(67)１２５頁参照。

(71) 石田寿一・最判解平27年21頁参照。

（72）Fatal Force, Wash. Post, https://www.washintonpost.com/graphics/investigations/police-shootings-database/

（73）Tennessee v. Garner,471 U.S. 1（1985）等を参照。本件の紹介として、注（２）鈴木編第三巻７頁〔酒井安行〕、川端和治・ジュリ８８５号76頁などを参照。

（74）本文に挙げた事件のほか、警察官による武器の使用が正当防衛にあたるとして適法とされた事例（死亡事例）には、東京高決昭32年11月11日東高時報８巻11号３８８頁、福岡高決昭42年３月６日下刑集９巻３号２３３頁、東京地決八王子平４年４月30日判タ８０９号２２６頁などがあり、他方、違法とされた事例には、東京地判昭45年１月28日下民集21巻１―２号32頁（血のメーデー事件）、最決平11・２・17刑集53巻２号64頁が紹介されている。小針司「わが国の防衛法制と警察官職務執行法―武器の使用と同法７条」曽我部真裕＝赤坂幸一編『大石誠先生還暦記念　憲法改革の理念と展開（上）』（信山社、２０１２年）１７５頁以下参照。

本文中で引用した文献以外の参考文献は以下の通りである。

井田良「裁判員と量刑―研究者の立場からの提言」司法研修所論集１２２号１９７頁、同「『死刑不可能論』は可能か」『浅田和茂先生古稀祝賀論文集（下）』（成文堂、２０１６年）５２９頁、同〔裁判員裁判と量刑〕論ジュリ２号59頁、井上正仁「刑事司法改革は何を変えるか⑴」LAW AND PRACTICE 第10号１頁、原田國男『量刑判断の実際〔第３版〕』（成文堂、２０１１年）、同『裁判員裁判と量刑法』（成文堂、２０１１年）、大阪刑事実務研究会編著『量刑実務大系第１巻～第５巻』（判例タイムズ社、２０１１～２０１３）、永田憲史『死刑選択基準の研究』（関西大学出版部、２０１０年）、渡邊一弘「裁判員制度の施行と死刑の適用基準―施行前の運用状況の数量化と初期の裁判員裁判における裁判例の分析」町野ほか編『刑法・刑事政策と福祉―岩井宣子先生古稀祝賀論文集』（尚学社、２０１１年）城下裕二『量刑理論の現代的課題〔増補版〕』（成文堂、２００９年）、同『責任と刑罰の現在』（成文堂、２０１９年）橋本英史「裁判員裁判における死刑・無期懲役選択の量刑基準の客観化、具体化のための方策について①②」判例自治３２９号88頁、同３３０号85頁、奥村丈二「死刑選択基準の変化⑴（２・完）」、中央ロー・ジャーナル第15巻２号79頁、同15巻３号１４７頁。

なお、以下の文献も参照されたい。犯罪被害者支援弁護士フォーラム『死刑賛成弁護士』（文芸春秋、２０２０年）、勝田卓也「裁判員制度と殺人罪・死刑判決：日米刑事司法比較研究の試み(1)（２・完）」大阪市立大学法学雑誌66巻１・２号２１１頁、同66巻３・４号1頁。また、最近、井田良『死刑制度と刑罰理論』（岩波書店、２０２２年）に接した。

（しいばし　たかゆき・中央大学名誉教授）

【事項索引】

あ

か

さ

た

な

は

【判例索引】

昭和

平成

令和

【著者紹介】
大谷　　實（1934年10月25日生）　同志社大学名誉教授
井田　　良（1956年2月9日生）　中央大学大学院教授
松原　芳博（1960年5月2日生）　早稲田大学教授
福島　　至（1953年3月10日生）　龍谷大学名誉教授・弁護士
渡邊　一弘（1974年6月7日生）　専修大学教授
本庄　　武（1974年12月9日生）　一橋大学教授
葛野　尋之（1961年6月19日生）　青山学院大学教授
椎橋　隆幸（1946年10月21日生）　中央大学名誉教授・弁護士

死刑制度論のいま——基礎理論と情勢の８つの洞察

2022年10月15日　第1版第1刷発行

発　行　者　　株式会社　判例時報社
〒112-0015　東京都文京区目白台1丁目7-12
電話　(03)-3947-7371【編集部】
(03)-3947-7375【営業部】
https://hanreijiho.co.jp/
印刷・製本　　倉敷印刷株式会社
装　　　丁　　板谷成雄

ISBN　978-4-938166-21-2　　Printed in Japan